まえがき

私にとって第二の人生は、五十六歳から始まりました。なぜなら、自衛官の定年は、世間の六十歳よりも若く、階級により異なるからです。私は、一等海佐（海軍大佐）でしたから、五十六歳定年でした。

自衛官を退職して公立学校の校長に就任したのは、私が初めてです。また、全国で民間人出身公立高校長としては女性初となります。キャリア・チェンジの仕方が珍しいので、当初メディアの注目を浴び、数々の取材に対応しました。常に最初の質問は、「なぜ自衛官から校長へ？」というものでした。分野が違いすぎるのではないか、組織の在り方が違いすぎるのではないか、しかも大阪に？　ということなのでしょうね。

私自身の中では、十代の頃から「国防」と「教育」が国の二本柱であると考えてきましたので、それを実行に移しただけなのです。人生ですから紆余曲折はいろいろあるにしても、チャレンジしたことが実現していくという、私は実に運のいい人間だと思います。

二〇一一年七月に、大阪府の民間人校長公募に応募し、受験しました。一次試験に合格し、八月下旬の二次面談を経て九月に合格通知を手にしました。翌年の一月から研修があるということで、定年を三か月前倒しして二〇一一年十二月二十日に退職しました。翌二〇一二年一月から三月までの三か月間、大阪府教育委員会事務局（非常勤嘱託員）で、校長になるための研修を受けました。現場研修として十校余りの府立学校で研修するとともに、教育委員会事務局及び教育センターで主として講義を受けました（教育委員会は、二〇一六年度から教育庁となるが、本文では、教育委員会と記述）。

そして二〇一二年四月から三年任期ということで大阪府立狭山高等学校に赴任しましたが、二年間の延長が認められ引き続き同じ学校で勤務することになり、二〇一七年三月までの五年間、大阪府立狭山高等学校で校長職を務めました。この五年間、新しい分野で実に様々なことを経験し、教育分野で生きるという「第二の人生」の第一歩を踏み出したわけです。

そこで待っていたのは、苦難の道でもありましたが、青春の再来でもありました。とても充実した楽しい五年間が始まりました。

目次

第四章　さやまの挑戦

第一章　大阪府立学校の校長になるということ

（一）なぜ自衛官から公募の民間人校長をめざしたか

第二の人生がありそうだ

骨を埋めるつもりで入った自衛隊でしたが、自衛隊人生の半ばを過ぎた四十歳頃からは、時がたつのがとても早く感じました。一年半から二年で次々と転勤しますし、一年で転勤ということが何回もありました。五年後、十年後は何をする？ということを、若い頃から考える癖がついていたので、当然定年の時期がやってくることには気がつき、気になり始めました。このままだと生きながらえそうだな、と確信したのは五十歳頃です。システム通信分野で部隊指揮官を歴任していく中で、海外での勤務はもうなさそうだし、よっぽどの大病をしない限り定年を迎えることになると思った時、「次は何をやるべきか」という命題が脳裏に浮かび、潜在意識に刻まれることになったのです。

ちょうどその時、同じ市ヶ谷で、航空自衛隊システム通信隊の副隊長をしておられる杁田一佐と出会い、定年後奈良県で民間人教頭になられるというお話を伺いました。「こんな道もあるのだな」と思い、私の第二の人生にはふさわしいかもしれないと直感しました。

民間人校長との出会い

二〇〇八年の秋、当時私は呉システム通信隊司令という部隊指揮官をやっていました。全国校長会なるものが広島県で行われ、いくつかの研修コースのうち一部の校長先生方が海上自衛隊の基地研修を希望され、呉基地に来られました。その際、私たち部隊指揮官は全国の校長先生方と昼食会で懇談をしたのです。その時ちょうど隣に座られた校長先生が、群馬県で民間人校長として活躍されている方で、興味深くお話を伺いました。のちにネットでその校長先生の学校のホームページを閲覧したところ、立派な方針と熱い思いが表明されており、当時の私にはとてもまぶしく、自分にめざすことができるのだろうかと、たじろいだのを覚えています。

受験に至る決意とチャレンジ

二〇一一年四月中旬に、青森から東京に異動しました。市ヶ谷にある海上自衛隊中央システム通信隊司令という部隊指揮官として赴任しました。自衛隊人生の最終配置となります。

一年後の退職を目前に控え、援護課にも足を運びました。数年前に再就職関連書類を提出していましたが、私の希望勤務地が関西であったことから、「関西はなかなかないですよ」という話でした。関東だと、正直「来ませんか？」とスカウトしてくれるメーカも数社ありましたが、家族が皆関西にいるのに、私だけが定年後も関東に残って仕事をするのはおかしいですよね。家族がいる関西に戻りたかったので、何とか関西での再就職を考えることにしました。そこで、五年前からこんな道もあるんだと考えていた「民間人校長」の道を模索してみることに……。ネット社会は便利ですね。「民間人校長、公募校長募集」とかで検索すると、古い話からいろいろ出てきまして、神奈川、埼玉、東京方面が多かったのですが、大阪府が募集しているることがわかりました。二〇一二年度は、ほかには大分県と新潟県が募集していたと思います。大阪は魅力的だなあ、と思いました。娘と義母が住む奈良から通えそうですし。でも、今は維新の橋下知事だから大丈夫かな？などと、関西から離れてかなり時もたつので、不安もありました。

早速、募集要項を取り寄せ、ダメもとでチャレンジしようと思いました。こういうところはプライドとか関係なく、突っ込んでいけるタイプなのです。これが男性だと、受かるかどうかわからない試験で将来を決めるのは、なかなか勇気のいることでしょうし、家族会議も必要ですよね。私も家族に相談したら、即「難しいだろうけどやってみれば」ということでした。職場も、「受けるのは自由ですからどうぞ」という感じで、気楽な就職活動でした。かくして、数十倍の倍率に、果敢にもチャレンジすることになったわけです。

教育にかける情熱

十四歳の時から自衛官を志していました。しかも海上自衛官を！　この志は、自問自答し続けても九年間変わりませんでしたが、もう一つ、日本にとって大切だと考えていたことが、「教育」です。

私が高校を卒業する一九七四年当時、女子には防衛大学校の受験資格はありませんでした。海上自衛隊も女子隊員を募集していませんでした。募集していたのは、陸上自衛隊看護学生と陸上自衛隊の女子隊員のみでした。海に囲まれた島国日本にとっては、やはり海上防衛が重要だと考えていた私は、入隊できる制度ができるまで待つことに決めました。そして、大学に進学することにしたのです。大学に入り二年目に、海上自衛隊と航空自衛隊が女子隊員を募集することになりました。大学を退学して入隊することも少し頭をかすめましたが、募集担当者とも話し合い、同時に募集を開始した海上自衛隊の幹部候補生を、大学卒業後受験することにしました。

大学で熱心に取り組んだのは教育学全般で、特に教員免許取得の実地研修である教育実習は、母校ではなく大学の付属中・高等学校において全身全霊で取り組みました。学生時代の塾講師、家庭教師、スイミングスクールのコーチ、ＹＭＣＡのボランティアリーダー等の様々な経験が、「教育」というものに対する情熱の素を形成したのではないかと思います。

もう一つ、理念的に私を「教育」に対して面と向かわせたものがあります。それは、高校三年生の時に読んだ『教師をやく炎』（三省堂新書、一九七三年）という本です。『教師をやく炎』は、兵庫県立尼崎工業高等学校における闘いの日々をドキュメンタリーとしてまとめた本です。生徒たちが教員を糾弾するところから始まります。生徒たちは、「自分たちのこと、本当にわかってんのか？」と教員に詰め寄ります。紆余曲折を経て、その差別、貧困の現実を教員たちが直視し始め、真剣に取り組み始め、就職差別の壁に挑んでいく姿が描かれています。感動しました。

受験時の大阪府の情勢

大阪府公募の民間人校長の受験を決意した時、私は市ヶ谷で勤務しており東京に住んでいました。その頃の大阪府の状況は、大阪維新の会の橋下徹府知事が大いに府政改革に取り組み、毎日のようにメディアで状況が放送されていました。中でも、国旗国歌条例は全国でも例を見ない条例ということで、大きく取り上げられていました。二〇一一年六月三日に、大阪維新の会主導で条例が可決成立しました。君が代斉唱時に、職員の起立斉唱を義務付けた全国初の条例です。そこには、「公立学校における服務規律の厳格化を図ること」「市町村教育委員会の服務の監督権限を侵すものではないこと」が盛り込まれていました。

五月十八日の記者会見で、Q：「宗教や出自によって国旗国歌に抵抗のある人間もいると思うが、そのような者は大阪府の教員になるな、ということか？」という質問に対し、橋下徹府知事は、A：「仕事の場に宗教や個人の思想や信条を持ち出して職務命令に従えないのならば、他の職を選ぶべきである。そのような個人の考えに合わせることは、民間会社と同じく行政組織はできない」と答えています。

そもそも国旗及び国歌に関する法律は、一九九九年八月十三日に公布されています。二〇〇七年二月二十七日には、「君が代」のピアノ伴奏を命じた校長の職務命令は合憲、職務命令を拒否したことを理由にした懲戒処分は正当、との最高裁の判決が出ています。そういう中で、大阪府も二〇〇二年以降、府立学校に対し「教育公務員としての責務を自覚し、国歌斉唱に当たっては起立する。」と文書で指示しています。しかし二〇一一年春、府立高校での入学式で、国歌斉唱に起立しなかった教員が三八名いたとして、橋下徹府知事は、「国旗・国歌を否定するなら公務員をやめればいい」「公務員だからこそ、ルールに違反する教職員は厳しく懲戒免職にしなければならない」と発言しています。

これら一連の状況を鑑みるに、大阪は全国でも有数の難しい教員集団のいる地域なのだと実感しましたが、やはりそこにはチャレンジしかないだろう。しかし、自衛官出身の私は門前払いを食らうかもしれない。それを覚悟で、受験しようと思ったわけです。

〔二〕二度にわたる異文化との出会い

初めての男女平等

私は、小学校から大学まで女子校で育ちました。厳密にいうと、小学校には男子生徒もいましたが、男女を一：二の比率でとるので、三クラス編成の場合、女子だけのクラスができます。私の場合は、一年、三年、五年が女子クラスで、二年、四年、六年は男女共学クラスでした。中学校、高校は完璧な女子校となります。そして大学も女子大に行きました。

それが途端に男性社会である自衛隊に入ったわけです。普通はそのような選択をしないのでしょうけど、私の場合は、男性とか女性とかいう前に人としてどのように生きるのか、という選択をしたのだと思います。三十三年間自衛隊で勤務する中で、女性として区別ではなく差別されることも多く、そもそも自衛隊社会は、当時は原則的に女性を必要としない組織でした。

そして定年後の第二の人生で、大阪府立高校の校長として勤務するに当たり、初めて男女同数がいる普通の世界に入りました。生まれて初めて男女平等の組織に身を置くことになったわけです。五十六歳にして、これが普通の社会だよね、と思いました。

男女平等を実感する象徴的な出来事がありました。それは、二次試験の面談、集団討論の時です。面接官がなんと九名もおられ、そのうちの四名が女性だったのです。約半数が女性であったことから、教育の世界は男女平等なんだ、と実感しました。当時はどなたかつゆ知らず、校長先生方なのだろうかと思っていましたが、実際その女性陣は、大阪府教育委員長、教育次長、高等学校課副理事、教職員人事課参事でした。九名が一列に並ばれていると横幅も広く、全員を見回すのに、左右に首を振るのがとても大変でした。

ピラミッド型階級社会からなべぶた型組織へ

一般に企業もそうだと思いますが、自衛隊は典型的なピラミッド型階級社会です。指揮・命令系統が一目瞭然になっており、それぞれの隊員がそのことを理解しています。ですから、部隊指揮官が発した指揮・命令は絶対であり、上から下まで確実に下りていきます。

一方、学校にはよく組織がないと言われますが、立派ななべぶた型組織があります。校長と教頭という管理職は、なべぶたのつまみのようなものです。教職員は老いも若きもベテランも新人も横一列です。

ピラミッド型階級社会では、それぞれの部署にリーダーがいてチームとして動きますので取り残されることはないのですが、なべぶた型組織ではそれぞれが個人商店のようなものなので、ちょっと不在だと取り残されてしまいます。教員たちは一人一人がとても優秀ですから、職員会議で話したことはすべて理解してくれます（行動に移すかどうかは別ですが）。一方、欠席するとその情報が抜け落ちているということはよくあることです。

自衛隊はチームとして動くので、指揮官が意図していない違う方向に行くことはほとんどありませんが、一兵卒に至るまで指揮官の考えていることが伝わっているとは限りません。ある師団長が言っておられました。陸上自衛隊の師団というと約一万人います。まず、師団長は直属の連隊長に話します。連隊は約千人規模です。その連隊長は、大隊長又は中隊長に話します。次々と同じ話を下におろしていくとしましょう。七層くらい行ってようやく陸士にたどり着きます。理論上、一回話すたびに最大でも七十％しか伝わらないと言います。一×〇・七の七乗は限りなくゼロに近づきますよね。七層目で約八％まで減衰します。トップの考えは最下層の一人一人にまではなかなか伝わらないのが現実なのです。

学校においても、みんなのベクトルを合わせて一つの方向に向かっていくためには、情報の伝達がとても大事だと思います。

人権教育との出会い

今から思えば、自衛隊では人権を尊重されていると思ったことはありません。というよりも、人権という言葉を意識したことがなかったように思います。危険と隣り合わせですから、危ないと認識されれば、手や足が飛んできます。危なくなくてもいろいろなものが飛んでくることがあります。その方が当たると危ないです。「自衛隊に女はいらない」「子育ての方が大事、仕事をやめろよ」「俺の目の黒いうちは、絶対に子どもを産ませないからな」と言われた時も、人権を蹂躙されているという感覚はなく、今でいうセクシュアル・ハラスメントの一種だと感じていました。十分に人権を侵害されていますよね。当時の「女は艦艇に乗せない」というのも、最たるものかもしれません。そういう意味では、自衛隊で私は長年人権をめぐる闘争をしてきたとも言えます。

大阪府に来て、人をこんなにも尊重するものなんだ、と驚くとともに、人権を尊重することの大切さを特に教育センターでの研修で叩き込まれたように思います。

生徒のためになりますか？

自衛隊の場合、「……事に臨んでは危険を顧みず、身を持って責務の完遂に努め、もって国民の負託にこたえることを誓います」と、宣誓します。危険を顧みず、と言っても、最大限に危険を回避しつつ任務の完遂をめざすわけですが、学校の場合、行動の規範を何に求めるのだろう？　と、当初思いました。

そこで、「生徒のためになりますか？」という疑問形をすべての基準として決断していけばいいのではないかと、先輩の校長先生方のお話を伺いながら気がついたのです。判断に迷う事象が生起したら、常に「生徒のためになりますか？」を基準に考えることにしました。

教員は雑木林

狭山高校に着任し、一回目の面談を行った時、ある女性教員が「校長先生、教員は雑木林ですよ」と、教えてくれました。いろいろな生徒がいるように、彼らを受け止めるためには教員もいろいろなタイプの人がいる方がよい、というのです。私は、なるほどな、と思いました。

自衛隊では、人物はともかく、外見は「一糸乱れず」の世界です。「右向け右」、「頭中」がそろわないと話になりません。学校で求められるものは全く違うのだ、と改めて感じました。「雑木林」とは、うまく表現したものだと思います。

教育はじっくりと

「確実・安全・迅速」というのが、自衛隊で求められる三つの要素です。私は若い頃から、中でも「迅速」が一番大切だろうと思って、優先順位を一番においていました。

ところが、教育の世界はとてもゆっくりなのです。今年度がだめなら、また来年度というように。でも生徒はその時にしかチャンスはないのですけどね。といっても、教育は自衛隊のスピード感と同じではいけないのです。相手は成長期の子どもです。じっくり相手をよく見て、育てていかないといけないいな、と思いました。待つことがとても大切な要素ですね。

共通しているのは〝塀の中〟

自衛隊と教育の世界である学校を対比させて考えてきましたが、誰もが百八十度違う世界だなと考えていると思います。ところが、共通している大きなことが一つあると思います。それは、両者とも〝塀の中〟にあるということです。

自衛隊の施設も分厚い壁やフェンスで囲まれており、中には忍び返しもつけられています。駐屯地・基地開放の行事でもないと、おいそれと中には入れません。学校の方も、地域に開放されているようですが、昨今では危険から生徒を守るために施錠されている小・中学校も多いです。高校も正門以外は閉めているのが普通です。

そのような物理的な話以外に、誰でも生徒として経験したことのある学校、子どもを通学させる学校、があるわけですが、学校の教員にならないと真の学校の姿はわかりません。そういう意味で、塀の中にあると思います。自ら努めて外に出ていかないと、また情報発信をしないと、理解は得られませんし、伏魔殿のようになってしまう危険性があるわけです。

ゼロからの出発

全く異なる文化からなる職場で勤務するわけですから、「郷に入れば郷に従え」で、ゼロから出発するつもりでやってきました。まずは一年生のつもりで、説明を聴くことから始めようとしました。

以前から教育に対する意識はとても高い方だったと思いますが、自衛隊に入ってからは、主として高校を卒業した隊員を養成する横須賀教育隊で女子教育を二回、初任海曹を一回、約三か月半ずつ、つまり一年間勤務しました。そして次の年は、江田島の幹部候補生学校で、防衛大学校と一般大学を卒業したばかりの学生の主として服務指導に当たりました。

自衛隊での経験は、教育といっても任務をにらんだ特殊なものです。そのまま公教育には適用できません。ということで、これまでの経験は皆無に等しく、ゼロから出発し、常識をフル活用して事に当たっていくのがいいのではないかと思いました。

第二章　狭山高校に落下傘降下

〔一〕すべり出し

狭山高校に落下傘降下？

初出勤の朝、学校の玄関に入ったら、F首席が待ち構えていました。開口一番、「校長先生は、匍匐《ほふく》前進で来られるかと思っていました」と言われ、私も負けずに、「私は海上自衛官でしたから、めったに匍匐前進はしないのですよ。海がないので困りましたね」と。やはり、先生方にとっては、校長が元自衛官となると、どんな人が来るのだろうかと、興味津々だったのかもしれません。後で聞いた話ですが、私と同期のM校長先生が赴任された高校の先生方は、「ああ自衛官じゃなくてよかった」と、みんなで口をそろえて言ったそうです。

着任した四月一日は、目まぐるしい一日でした。新着任者の先生方に話をしなくてはなりませんし、運営委員会があり、その後職員会議があります。職員会議では、一つだけ教職員に要望したことがあります。それは「熱い思い」を大切にしてください、ということです。

最初の洗礼

着任して四日目のことです。国際交流委員長のK先生が、「夏休みに実施予定のオーストラリア語学研修の引率教員がいませんので、添乗員を雇ってもいいですか?」と相談しにきました。添乗員を雇うと生徒一人当たり五万円アップになるそうで、「ここは公立高校ですよ。私立ならともかく本末転倒ではありませんか?」と返し、これは大問題だと直感し、すぐに行動を開始しました。

英語科の教員十名に片端から面接を行いました。この行為は手順として間違っていたことは、後でわかりました。国際交流は、教科を問わず委員会組織で動いており、英語科に特化しているわけではないからです。国際交流委員のうち三名は英語科の教員でした。ところが、その三名が進路指導部長、生徒会部長、三年学年主任とそう簡単には身動きの取れない要職についており、約二週間もの間、日本を離れるのは厳しい状況でした。そこで、他の英語教員に引率をお願いしようと思ったわけです。ところが、もともと国際交流委員会に属していない教員たちです。それぞれ見事な理由で断られました。親の介護、子どもの養育、体調が不安定等々、最も驚いたのは、「実は私、英語がしゃべれないのです」という、とても謙虚な教員が複数名いたことです。

結局、ボランティア精神を発揮してくれた教員が、二週間通しで行ってくれることになりました。もう一人はどうしても出なかったので、生徒会部長と三年学年主任の二人に前・後半を分けて行ってもらうことにしました。旅費が一人分余計にかかりましたが、非常事態なので仕方ありません。この決定が速やかにできたのを知って、ある教員は「来年まで解決しないと思っていました。さすがですね」と言いましたが、解決しなくては、まずいでしょ。家庭の事情を押して二週間通しで引率してくれたK先生には、今でも感謝しています。

挨拶回り

着任して挨拶回りと言えば、「学校三師の先生方に挨拶をしなさい」と、研修中に指導を受けました。学校三師とは、校医さん、歯科医さん、薬剤師さんのことです。もちろん三師の先生方にはご挨拶に行きましたが、私は、他にも挨拶するべきところがあるな、と考えていました。

狭山高校は、大阪狭山市に所在する唯一の大阪府立学校です。ですから、狭山高校長は大阪狭山市長に挨拶に行くべきだと思い、実際に行きました。もう一つは、学校周辺の自治会の会長へのご挨拶です。生徒が学校周辺で悪さをした時のお目こぼしを狙ったものでしたが、のちに全く違う観点で功を奏することになりました。

入学式にテレビカメラが入った

まだ内示の段階で、どの学校に赴任するか公表されていないのに、テレビ局から電話がかかってきました。内示の内容を口外してはならないと人事担当から言われ、言いつけを守っているのに、どうしてテレビ局は私の赴任先と携帯番号まで知っているのだろう？と疑念を持ち、教育委員会に文句を言いました。

とはいえ、テレビは学校に赴任してからも広報に使えるので、win-winの関係は築けるかなと思いました。ところが、テレビ局の要求は、四月一日に私が初出勤するところから撮らせてほしいというものでした。さすがに私もそれだけは断りました。着任と同時にテレビカメラが入ったら、教職員たちはどのように感じるでしょうか？そんなことも考えられないのだろうかと、不信感を抱いたのは事実です。私は、百歩譲って、「入学式からにしてください」ということにしました。着任した日の職員会議で「民間人校長はメディアに注目されると思いますから、取材が入るかもしれません」という予令を早速かけました。入学式前日の職員会議では、「MBSの取材が入ることになりました」と伝えたところ、さっと手が挙がり、「生徒の顔が映ることには問題がある」という発言があり、インタビューした生徒や保護者については、本人の了解を取るということで決着がつきました。

入学式当日、慣れないテレビ取材に教員たちも神経を使いながら、カメラが国歌斉唱をしているところ等を撮影していました。かくして、ＭＢＳ毎日放送の夕方の番組「ＶＯＩＣＥ」で、八月上旬に放映されるまで、計十一回（うち一回は自宅）も校長を中心に狭山高校の活動が撮影されることになりました。没になった映像も山ほどありますが、入学式の様子、校長マネジメント推進費「さやまグローカル」取得のためのコンペの状況、朝礼の様子、イングリッシュ・ランチの風景、関西空港でのオーストラリア語学研修の見送り等、八月初めに近畿一円で十分間放映され、おかげさまで狭山高校自体のＰＲになりました。

狭山高校のミッション

狭山高校に着任して学校の位置づけを見た時、近くに同じ普通科の伝統校である部活動の盛んな河南高校とバブリーダンスで一躍有名になった登美丘高校があり、距離的に最も近いのが堺市の堺東高校でした。比較的学力が近い学校が多くある中、差別化を図るために何ができるかを考えた時、近くに第三中学校があることを発見し、中高一貫校はできないものかどうか、真剣に考えてみました。大阪府にそのような例が一つもなかったことから、提案は奇想天外と受け取られるだろうなと思いましたが、民間人校長の会合の際に、可能性について教育委員会に聞いてみることにしました。

当時の教育長、教育振興室長、高等学校課参事にお話しする機会があり、非公式に聞いてみました。それぞれ、中高一貫校にすることについての問題点を挙げられました。
①府の職員と市町村の職員との違いがあり、一緒に扱うのは難しい。
②公教育で中学生から選抜すると、学力上位者がその地域から抜かれてしまい、公立中学校の活力が低下する。
③中学生までは、いろいろな子がいる多様性のある世界で学ばせたい。その経験が必要である。
それぞれの意見に対し、公立高校の役割を再認識しました。私は、三つめの理由に、そうだなと一番納得した次第です。

狭山高校がこれまで取り組んできたことで継承できるものは何か、を考えた時、地域との連携に力を入れてきた校長がいたこと、また、国際交流に力を入れてきた英語科出身の校長がいたこと、が挙げられます。これらを融合させて、生徒を伸ばすプログラムができないかと考えました。グローバルとローカルということで「さやまグローカル」の原型の出来上がりです。狭山高校は、大阪狭山市に所在する唯一の府立学校です。地域との連携がとりやすい環境であり、まさに「国際感覚を備えた地域の若きリーダーを育成する」のが、ミッションの一つであると考えました。また、周辺に元気いっぱいで部活動命というような学校が多くある中、「静かに勉強したいなあ」というようなおとなしい生徒たちの居場所づくりも大切だと考えました。

〔二〕 教育界の独特の文化

失礼します

まだ研修中に、とても不思議に思ったことがあります。校長の研究発表会を聴きに行った時のことです。朝一番に発表する校長先生は、当然「おはようございます」から入るだろうと思っていたのですが、意外なことに、「失礼します」という挨拶？　から始まりました。

いろいろな教育関係者の挨拶の始まりを観察していると、この「失礼します」が、なんと多いことか。私はとても違和感を覚えるのですが、職員会議でも多くの教員が「失礼します」と言って話し始めます。確かに話し始めるきっかけにはよい言葉なのかもしれませんね。でも、朝一の場合は、「おはようございます」から始めたいものです。

アポなし？

学校に来て、来訪者が校長に直接アポを取る電話をかけてこられるのに、当初戸惑いました。確かに、校長には副官も秘書もいないので当然かもしれません。自衛隊時代、部隊指揮官を比較的多くやっていたため、スケジュールを管理する部下がいたので、それに慣れてしまっていたのは反省すべき点かもしれません。事務部長が、「学校には校長用の車もありませんし、副官もおりません」と言っていたのをよく覚えています。出かけるときは、公用自転車か徒歩です。

ところが、時々アポなしで訪ねてこられる方々がおられ、中には学長だったりしました。私が不在だったらどうするつもりだったのだろうかと、不思議に思いました。「おられてよかった」ということで、お相手をするわけですが、その時間は急ぐ仕事をしていたりするのですよね。教育関係者はみんなこんな感じなのかと、一時先が思いやられましたが、このような例は稀で、たいていの場合アポを取ってから来られますので、私のダイアリーは程よくスケジュールで満たされていきました。

A版とB版の混在

学校の文化として極めつけは、何と言ってもA版の紙とB版の紙の混在です。平成五～七年頃、当時六本木にあった防衛庁海上幕僚監部というところで官僚もどきの仕事をしているとき、B版からA版に変わりました。B四版で作成していた資料をA四版におさめるのに最初は苦労しましたが、国全体が変わったとばかり思っていましたので、その後二十年、何の疑問も持たずA版に慣れ親しんできました。ところが、学校に来てみると、A版より存在感があるのがB版です。職員会議の資料がバラバラの大きさで配布されるのには閉口しました。

この不満について他のベテラン校長に話したところ、「こんな風に折って、トントンと揃えれば、ちゃんとファイルできるわよ」と言われ、かなり学校独特の文化に毒されているなと思いました。

教員たちに理由を聞くと、テスト問題がB四版でしか作れないとか、A四版のノートにプリントを貼らせるにはB五版でないとダメだとか様々な理屈が飛び交います。教室にある生徒の机を見て、なるほどB版仕様なのだと気がつきました。A三版のテストやプリントが机の上で扱いにくいのが、本当の理由のようですね。ということで、今では私もA版とB版の混在に馴らされてしまいました。

〝ショッカイ〟と〝ショクチョウ〟

どの業界にも独自に使っている業界用語があります。教育の世界でも、短縮型業界用語が多いことに気がつきました。初めて学校に赴任し、運営委員会で先生たちが話している〝ショッカイ〟、〝ショクチョウ〟という言葉がすぐにはわかりませんでした。「それ何？」「大腸、小腸、直腸、ショクチョウ？」と聞いたところ、「えっ？」という顔をされましたが、「職員会議」と「職員朝礼」のことでした。

こんな風に、さまざまな用語が短縮されて、一般用語として使われています。最も難しかったのは〝キトクイ〟です。校長会の委員会の一つである「企画運営特別委員会」の略で、各委員会の副委員長から構成され、教育シンポジウムや歓送迎会等を企画します。私もキトクイを二年目にやりましたが、意味を聞いてみなければわからない言葉でした。

休んでいる先生を呼ばないの？

ある時、こんなことがありました。ある生徒が前日怪我をして松葉づえ姿です。担任のＦ先生は休んでいます。その学年の他の先生が様々なことに対応していましたが、休んでいる担任の先生には連絡をしようとしないのです。私はとても不思議に思いました。どんなことでも、自分が担任をしている生徒のことだったら、たとえ休んでいても早く聞きたいと思うでしょう。これが部活動であれば、主顧問が夏季休暇で休んでいたとしても、場合によっては呼び出すべき時もあると思います。

学校では、休んでいる先生は呼び出さずに、学校にいる関係者で何とか対応しようとするのです。組織としては正しいかもしれませんが、直接の担当が聞かされていないまま事態が進むのはいかがなものかと思いました。

あとで、担任のＦ先生に聞いてみました。「すぐに知らせてほしかったでしょう?」すると、「もちろんです。もっとも他の若手の先生から情報は入手していましたけど」との回答でした。

ストレスフルな職場？

二〇一二年一月から校長研修が始まりましたが、その後二年間で、四名の校長が亡くなりました。二人は癌で、あと二人は突然倒れられて、ということで、「すごくストレスフルな職場なのだな」と思いました。

特に、突然倒れられたお二人は、少し前まで会議等で他の校長と元気にお話しされていたとか。四名というと、全体の約二％です。管理職の皆さんは、相当なストレスを抱えているのだな、と少し不安になりました。

進路指導研究会でお世話になっていたK校長が定年後間もなく亡くなられました。定年後は私立学校の校長で赴任されていたのですが、昼休みに学校で倒れられ、そのまま帰らぬ人となられました。週末には、親の介護のため九州まで帰省されていたという話も聞いています。進路指導研究会の会長の時も粉骨砕身で定年まで熱心に業務を行っておられました。過労死とも言えると思います。

〔三〕授業改善への取り組み

詰め込みと写経からの脱却

狭山高校へ着任し、授業を観て驚いたことがあります。一対四十の一方的な詰め込み授業です。先生方は真面目ですから、ここまでは教えなくては、としゃべりまくり、黒板に書きまくります。生徒たちも真面目ですから、板書をひたすらノートに写しまくっています、まるで写経をするように。これって江戸時代末期から明治時代の寺子屋での勉強のようです。百年以上たっても変わっていないのかな？ ほとんどの教員が詰め込みと写経の授業をしていました。平均年齢五十三歳を超え、私よりも年上の教員が二十名もいました。昔ながらの授業ノートを持っている教員もいました。

この詰め込みと写経からの脱却こそが喫緊の課題だと認識しました。狭山高校は二〇一一年度末にプロジェクターが全教室に備えられたラッキーな学校だったので、これを使わない手はないだろう、と不思議に思いました。使っているのはたったの三名で、パワーポイント資料を自ら作成し授業で用いている教員は、社会科のたった一名でした。

授業観察評価シートの作成

一年目から、オリジナルの授業観察評価シートを作成しました。狭山高校教員に合った、そしてこんな授業をしてほしいというメッセージを込めた評価シートを毎年考えていきました。

（授業観察評価シート）

1　日　時　平成24年　月　日（　）　時限
2　場　所
3　教諭名
4　教科名
5　対象者　年　組

	評価項目	評価	備考
1	校長が理解できるか	40 35 30 25 20	
2	教諭の指導		
	① 教える意欲や熱意が伝わる授業か	5 4 3 2 1	
	② 生徒を掌握できているか	5 4 3 2 1	
	③ 授業の進め方にメリハリがあるか	5 4 3 2 1	
	④ 板書、プリント等に工夫があるか	5 4 3 2 1	
	⑤ 生徒に考えさせる工夫がなされているか	5 4 3 2 1	
	⑥ 生徒に対する指示は明確か	5 4 3 2 1	
	⑦ 授業開始、終了時のけじめはついているか	5 4 3 2 1	
3	生徒の様子		
	① クラス全体が授業に集中できているか	5 4 3 2 1	
	② ノートやプリントを有効に活用しているか	5 4 3 2 1	
	③ 学ぶ意欲の高まりが見られるか	5 4 3 2 1	
4	自宅学習等への配慮		
	① 自宅学習への指導がなされているか	5 4 3 2 1	
	② 自宅学習の成果を確認できているか	5 4 3 2 1	
	総合評価	点	

（コメント）

▲1年目は「校長が理解できるか」に40点も配点し、上げ底にした

（授業観察評価シート）

1　日　時　平成26年　月　日（　）　時限
2　場　所
3　教諭名（教科名）
4　対象者　年　組

	評価項目	評価	備考
1	校長が理解できるか	10 9 8 7 6	
2	教諭の指導		
	① 各授業の「ねらい」を伝えているか、また、「まとめ」を実施しているか	10 9 8 7 6 5 4 3 2 1	
	② 教える意欲や熱意が伝わる授業か（学習内容を具体的な生活体験等に結び付けているか）	10 9 8 7 6 5 4 3 2 1	
	③ 生徒に対する指示は明確で、生徒を掌握できているか	5 4 3 2 1	
	④ 授業の進め方にメリハリがあるか	5 4 3 2 1	
	⑤ ICTの活用（タブレット端末を含む）、板書、プリント、補助教材等に工夫があるか	10 9 8 7 6 5 4 3 2 1	
	⑥ グループワークを含め、生徒に考えさせ、発表させる工夫がなされているか	10 9 8 7 6 5 4 3 2 1	
	⑦ 生徒とのキャッチボールができているか	5 4 3 2 1	
	⑧ 授業開始、終了時のけじめはついているか	5 4 3 2 1	
3	生徒の様子		
	① クラス全体が授業に集中できているか	5 4 3 2 1	
	② ノートやプリントを有効に活用しているか	5 4 3 2 1	
	③ 知的好奇心を抱き、学ぶ意欲の高まりが見られるか	10 9 8 7 6 5 4 3 2 1	
4	自宅学習等への配慮		
	① 自宅学習への指導がなされているか	5 4 3 2 1	
	② 自宅学習の成果を確認できているか	5 4 3 2 1	
	総合評価	点	

（コメント）

▲3年目には「校長が理解できるか」を10点にし、ICTの活用やグループワークに配点を多くした

（授業観察評価シート）

1　日　時　平成28年　　月　　日（　）　　時限
2　場　所　＿＿＿＿＿＿＿＿＿＿
3　教諭名（教科名）＿＿＿＿＿＿＿＿＿＿
4　対象者　　年　　組

	評　価　項　目	評　価	備　考
1	校長が理解できるか	5 4 3 2 1	
2	教諭の指導		
	③ 各授業の「ねらい」を伝えているか、また、「まとめ」を実施しているか	10 9 8 7 6 5 4 3 2 1	
	④ 教える意欲や熱意が伝わる授業か（学習内容を具体的な生活体験等に結び付けているか）	10 9 8 7 6 5 4 3 2 1	
	③生徒に対する指示は明確で、生徒を掌握できているか	5 4 3 2 1	
	④授業の進め方にメリハリがあるか	5 4 3 2 1	
	⑤ICTの活用（タブレット端末、スマホを含む）、板書、プリント、補助教材等に工夫があるか	10 9 8 7 6 5 4 3 2 1	
	⑥グループワークを含め、アクティブ・ラーニング型授業を取り入れているか（生徒に考えさせ、話し合わせ、発表させる等の工夫がなされているか）	15 14 13 12 11 10 9 8 7 6 5 4 3 2 1	
	⑦生徒とのキャッチボールができているか	5 4 3 2 1	
	⑧授業開始、終了時のけじめはついているか	5 4 3 2 1	
3	生徒の様子		
	①クラス全体が授業に集中できているか	5 4 3 2 1	
	②ノートやプリントを有効に活用しているか	5 4 3 2 1	
	③知的好奇心を抱き、学ぶ意欲の高まりが見られるか	10 9 8 7 6 5 4 3 2 1	
4	自宅学習等への配慮		
	①自宅学習への指導がなされているか	5 4 3 2 1	
	②自宅学習の成果を確認できているか	5 4 3 2 1	
	総　合　評　価	点	
他	①反転学習の要素を取り入れているか	5 4 3 2 1	
	②授業の中で他教科の要素も取り入れているか	5 4 3 2 1	

（コメント）

▲4年目に「アクティブ・ラーニング」ということばを入れ一応完成。5年目は、反転授業や他教科の要素という観点で、加点を加える

私自身の進化の軌跡でもあります。何故、この評価シートを作成しようと思ったかというと、一人ひとりの先生の授業をしっかり観て、記録にとどめるためです。先生が真剣勝負をしなくてはいけないと思うのです。百点満点でつけ、コメントを五行以上書くと、あとで振り返ると大抵その時の授業がよみがえります。そしてたとえ主観であっても、その点数は自信をもって数的根拠とすることができます。

二年目からは、四月の職員会議で、「今年の授業観察評価シートはこれです」といって、全員に配りました。先生方も悪い点は取りたくないから、工夫をし始めました。ご覧になるとわかると思いますが、一年目（平成二十四年度版）は、評価項目も少なく、「校長が理解できるか」という項目に、何と四十点も配点しました。これはとんでもない上げ底です。二年目は、評価項目に「ＩＣＴの活用」と「グループワーク」を入れたので、「校長が理解できるか」は二十点になりました。三年目は十点に減り、四年目、五年目は五点になりました。名残をとどめておきたかったので、最後まで項目は残しました。

このような評価シートを作成し、百点満点で点数をつけ、本人に返却するという大胆なことを行った校長は、おそらく私だけだと思います。また、全員の得点の分布表をエクセルで作ってグラフにし、参考に貼り出したこともあります。最初はぎくりとされた先生も多かったと思いますが、こちらもそれは真剣に観察しました。私は教育の専門家ではありませんから、自分の常識と生徒がどのように感じているか、という観点を重視しました。ですから、早めに教室に入り、休んでいる生徒がいるとその席に座ったりします。生徒とペアワークをしたことも、グループディスカッションをしたこともあります。

年を重ねるごとに、工夫されたさまざまな授業が展開されるようになりました。生徒から見ていろいろな授業があって、飽きずに刺激を受ける、というのが理想です。このようにして、狭山高校では様々な形態の授業が誕生していきました。自ずと生徒の授業満足度も上がっていきました。もちろん最後の年には、「授業については、学校全体で様々な授業が生徒に提供されていますので、大いに満足しています」と先生方にも伝えました。

広島県立廿日市高校の研修

二〇一二年十二月、次期首席予定者のI先生と一緒に、広島県立廿日市高等学校の研修に出かけました。もちろん日帰りです。廿日市高校の取り組みが、『VIEW21』（ベネッセ教育総合研究所）という教育雑誌に掲載されており、才木校長先生にお会いしてどうしても話を聴いてみたいと思いました。当時にしては、とても先進的なアクティブ・ラーニングでした。キーワードは、「ICTの有効活用」と「協同的な学び」です。

廿日市高校は、広島県トップリーダーハイスクール指定校であり、毎年現役で国公立大学に百名以上が進学する学力のかなり高い、何事にもチャレンジをする学校です。才木校長先生は、前任校での業務改善、学校経営の改革等で手腕を発揮されていました。これまでの勤務のお話を伺うだけで、すごいな、とても自分にはできないなと、校長一年生の私はただただ感心するだけでした。

その時観せていただいた授業は、書画カメラを用いた現代国語の演習と社会科のグループディスカッションでした。プロジェクターを用いた理科の授業は先生のお身体の調子が悪く観ることができませんでしたが、今では当たり前の四人一組のグループディスカッションに、当時は衝撃を受けたのを覚えています。この廿日市高校での研修が、のちの評価項目である「ＩＣＴの活用」と「グループワーク」に多大な影響を及ぼしました。

千葉県立袖ケ浦高校への弾丸ツアー

二〇一四年一月末、タブレット端末の活用で先駆的な存在である千葉県立袖ケ浦高校にＦ首席と情報処理部員のＯ先生を派遣しました。日帰りの弾丸ツアーです。生徒が主体的に学ぶようになる魔法があればどんなにいいだろうと思っているのは、私だけではないと思います。

二〇一二年に開設された情報コミュニケーション科の授業等を視察しました。タブレット端末を用いた主体的な学びが行われ、調べ学習、学び合い、発表、コミュニケーション、反転学習等多種多様の取り組みがありました。

狭山高校においても、科目単元によってはグループワークが適している場合もあります。調べ学習に活用したりして、発表能力もつけたりしたいと考えました。生徒自ら学ぼうとする主体性が芽生えるような学習にチャレンジできたらいいなと思っていました。

「ICTの活用」と「グループワーク」

「ICTの活用」と「グループワーク」を極力授業の中に取り入れてほしい、という要求を教員たちに訴えたのは、廿日市高校研修の後であり、二年目の授業観察評価シートには項目としてきっちり入れました。ICTを活用する教員は一年目三名だったのですが、二年目は十五名に増え、三年目には二十五名の教員が何らかの形で活用を図るようになりました。ICTの中には、プロジェクターだけではなく、iPad、書画カメラも含んでいます。ある時、英語のM先生が「ICTを活用して授業をすると授業が五分早く終わりました」と困惑顔で話してくれたの

プロジェクターとスクリーンを用いると、生徒の顔が上がり、時間にも余裕が生まれる

図書館で行ったポスター・セッション

授業の後の一コマ。みんなが授業を楽しんでいる高3生のあるクラス

で、私はすかさず、「その五分を捻出するために、ＩＣＴを活用するのですよ。その五分で、先生の人生を語ってくださいよ。失敗談とか、大切にしてきたものとか、生徒の将来に役立ちそうな親しみのある話を。生徒は、授業の内容は覚えてないけど、先生が自らを語る話は、ずっと覚えているものなんですよ」と言いました。そして、他の先生方にも、ＩＣＴを活用して生まれたこの五分を大切にしてほしいという話をしました。

「グループワーク」については、一方的な講義では受け身の生徒がますます受け身になってしまうので、グループで話し合う機会を作りたかったのです。自信がなくて手を挙げられない、意見を言えない生徒が、グループで話し合うことで、「みんなと一緒だ、これでいいんだ」と自信を持ち始める効果があると思います。五十分授業の一部でもいいので、グループワークの時間を取り入れると、生徒たちには学習の内容が定着するのではないかと考えました。「グループワーク」を取り入れてほしいという要求の後は、徐々に、授業中各教室から机と椅子を動かす音が聞こえるようになりました。

ICTを活用したのは、初めは、始業式・終業式でした。着任した二〇一二年の夏、狭山高校で体育館の耐震工事が行われました。一学期の終業式と二学期の始業式を体育館で行うことができません。そこで、学校情報ネットワークを利用したライブ配信による終業式を行うことにしました。Webカメラで撮影された映像が、学校情報ネットワークを経由して、生徒がいる全教室のパソコンにリアルタイムに配信され、天井のプロジェクターからスクリーンに投影されるという仕組みです。

少人数の演習では、このような体形も効果的である

職員室の一角にスタジオを作り、Webカメラに向かって話しましたが、生徒の顔が見えず反応がつかめないのでとても難しかったです。視聴者を直接見ることができないニュースキャスターの苦労がよくわかりました。当日は、珍しく雨天となりましたが、雨の中また灼熱の校庭に生徒を三十分以上も立たせるよりも、整備されたばかりのICTを用いる方が時代に合っていると思い、校長自らICTを活用することができました。

二〇一四年の春、タブレット端末iPadを一年間八十台借りる話が舞い込んできました。教員たちが早く習熟できるように講習を行うとともに、次年度入学生徒全員購入の宣言をしました。この時点で、今では普通になったスマホを保有している教員は二十％以下でした。おっかなびっくりの教員も多かったと思います。いずれ一般的になるものだと確信していましたので、先鞭を切って取り組んではどうかと思いました。一方で、公立高校で五万円以上するタブレット端末を生徒全員に購入してもらうことは、経済的にとても難しいことだと思いましたので、どこかで撤退宣言もあるだろうなとは覚悟していました。

同年夏休み、オーストラリアのパースのキャリー校に姉妹校提携に行く際に、あるＩＴメーカーからＩＣＴ教育が進んでいる学校を二校紹介され、その二校を半日研修する機会を得ました。Scotch College という男子校と Presbyterian Ladies' College という女子校で、どちらも百年以上続く私立の伝統校でした。しかも小学校から高校までの一貫校でした。寮があり、かなり裕福な子弟が通学しているように見受けられました。そこでは、タブレット端末を個人が持つのは当たり前で、各教室にもプロジェクターがあり、グループで使えるよう電子黒板がいくつもありました。教科に合わせた教室のつくりや机、いすの工夫などがあり、一斉授業はほとんど行われていませんでした。教科書はすべて電子化されており、宿題や課題もすべて電子化して提出します。成績もインターネットで親が検索できるシステムになっていました。個人情報やセキュリティーの概念がしっかりしているのでしょうね。高一、高三くらいになると、授業はほとんどなく、自分で勉強している生徒をよく見かけました。自主研究もユニークな発表が見られました。コンピューターやシステムのメンテナンス専門のスタッフが数名おり、生徒たちのニーズに応じます。二年に一度はソフトウエアを更新するということですから、当然必要な人的スタッフです。学校が指定する端末を生徒は購入し、カスタマイズは学校側でするということでした。予算的裏付け、連続した教育環境等が整っていない日本の公立学校で、表面的なことだけをまねるのは、極めて危険であるという感想を持ちました。情報セキュリティーとカスタマイズを含むメンテナンスをきちんとしようと思えば、教員とは別の専門家集団が必要です。めざすところは堅持しつつ、どのように実行するかについては、アプローチをよほど研究する必要があると痛感しました。

ということで、この経験を職員会議で紹介し、一転、iPad生徒全員購入宣言を撤回しました。先生方からは安堵のため息がもれました。何事も撤退するには、それなりの理由が必要です。オーストリアでたまたまいい出会いがあり、撤退を決断することができ、よかったです。

アクティブ・ラーニングとの出会い

アクティブ・ラーニングとの出会いは、教育の世界に入った年ですから、今から約六年前です。ある研修で、京都大学高等教育研究開発推進センター教授の溝上慎一先生は、学生から就職につなげるトランジションの話を中心に、アクティブ・ラーニングの必要性を述べられていました。校長になりたての当時の私には、「アクティブ・ラーニング」はおぼろげにしか理解できませんでした。正直、生徒の主体性を導き出そうとするものなのだろうな、くらいの理解でした。

その後、溝上先生とは年に一回程度は各種勉強会でお会いし、「アクティブ・ラーニング」への理解を深めていきました。中でも、二〇一四年十二月二十三日（祝）に行われた研修で、岩手県盛岡市の県立高校での実践の映像を観せてもらい、とてもイメージが湧きました。その映像を後日送付していただき、年明けには教員たちに観せることができました。学力にも違いがあり、一部始終を参考にできるわけではありませんが、大いに参考になる映像だったと思います。化学の授業と世界史の授業でした。また、桐蔭学園で指導を始められてからは、桐蔭学園の取り組みを順次紹介して下さり、とても参考になりました。

二〇一五年の五月に、府立港高等学校でアクティブ・ラーニングに関する校内研修をするということで、吉田校長からお誘いを受けました。F首席と理科のN先生を伴い、参加しました。元埼玉県立越谷高等学校の教諭で、現在は産業能率大学経営学部教授の小林昭文先生の実践に基づく講義を受けました。物理の教員だった小林先生は、六十五分授業を①学習内容の説明十五分、②問題演習三十五分、③振り返り十五分、という構成で毎回授業を進めたそうです。①の学習内容の説明では、パワーポイントを用い、プリントを配布し、双方向のやり取りを重視します。②の問題演習では、問題と解答・解説プリントを配布します。質問、おしゃべり、立ち歩き自由です。③の振り返りでは、確認テストを実施し、相互採点し、リフレクション・カードを記入します。評価はどうするのか聞いたところ、小林先生は、「ペーパーテストで実施する」と言い切られたのには、驚きました。理解度はテストで判定でき、途中の行動は結果に反映されるという考えです。「そうなのかなあ、過程は見ないのかなあ」と、今でも疑問ではありますが、授業内容の定着は図られているようです。学力が一定レベル以上の学校には適用できると思います。勉強になりました。

ここで、二〇一五年九月に経験したアクティブ・ラーニングの一つの手法である「知識構成型ジグソー法」について、紹介します。埼玉県を中心に実践されてきた手法で、校長協会の専門委員会である教育課程委員会のメンバーが教育センターで研修しました。基本単位は三名一組で三グループです。課題に対し、三種類別々の資料（エキスパート）が各グループに渡され、三名でその内容を吟味し理解を深めます。その後、その三名はバラバラになり、他のエキスパートを持つ人たちとグループを作り、課題の解決のための討論を行います。課題に対する最初の考えは、二つのワークをした後でかなり深まりました。

今回のグループワークの課題は、高校生物の分野で、「葉は何故緑色なのか？」でしたが、①可視光線に関する知識、②葉緑体の光吸収スペクトラム、③好気性細菌を用いたエンゲルマンの実験等、根拠となる知識材料を与えられ、一人ひとりがそれぞれのエキスパートになるというところがみそだと思いました。実際にやってみると、そのエキスパートに対し責任感を感じるのです。必ずグループに貢献する状況になろうとするプレッシャーが、とてもいいやり方だと思いました。どの教科も教材研究が大変そうですが、すでに多くの教材が蓄積されているそうです。

様々な学びの中で、狭山高校の国語科の若手教員二名が、アクティブ・ラーニングの一つである知識構成型ジグソー法に挑戦しました。教材は、現代国語の『情報と身体』（吉岡洋著）です。インターネットやソーシャルメディアの利用目的、インターネット利用で感じる不安に関する数種のデータを各グループで研究し、各班に持ち帰り、別々に学んだ情報を伝達し共有して、考えをまとめる作業です。二時間目は、各グループの情報をもとに、班としての考えをまとめ発表準備をします。ジグソー法は、正確な情報の伝達と洞察力・考察力が養われ、班をまとめるリーダーシップであるとか発表能力がつくと思います。しかし、ジグソー法に慣れていない生徒たちは、なかなか話し合わず、筆も進んでいませんでした。でも、発表を聴いていると、それぞれにいろいろ考えてはいるのだな、ということはわかりました。やり方を定着させれば、かなりの効果が期待できると思いました。

授業観察結果及び特徴ある授業の発表

授業観察は主として二学期に行います。最初の二年間は面談しながら評価シートを返していましたが、とても時間的に追いつかず速やかに返却するため、点数をつけコメントを五行以上書いて、レターケースに返すことにしました。

十二月の職員会議で、授業観察結果、特に参考になると思う特徴のある授業を発表します。○○先生の「○○」の授業では、こんないいところがありました。アクティブ・ラーニングの取り組み、ICTの活用、他教科の内容を取り込んでいる……。そして、翌年六月に行う相互授業見学月間には、取り組みを紹介した先生のところに、多くの先生が授業見学に行きます。やはり、よりよくなりたい、という向上心は強いのだと思います。

ここで、一年目に紹介した授業のうち三つの授業を紹介します。一つ目は、授業の主はパワーポイントを用い、プリントと黒板の板書を上手に組み合わせたテンポのいい社会科O先生の授業です。二つ目は、国語科O先生の授業で、古文の授業の中に、その時代の政治経済つまり日本史の要素が加わり、また、朝露が出てくると結露の話になり理科の内容にも発展していきます。三つ目は、I先生による保健の授業で、生徒たちに調べ学習と発表のグループワークが展開されていました。テーマは、「土壌・空気・水の汚染、廃棄物等の問題」でした。講義にすると退屈な分野です。発表を見に行きましたが、どのグループもまだまだこれからだなあという印象を持ち、「グループワークは将来社会に出てから大いに役立つことだから、是非またチャレンジしてほしい」という所見を述べましたが、そのあとがすごいのです。生徒たちの振り返りの感想文を読んで驚きました。多くの生徒が、「最初は面倒くさかったけど、やってよかった」と肯定的なのです。どうしてかと思ったら、先生が、各人に他のグループの発表に対し講評を書かせたのです。すると、お互いにいいと思うところを褒めており、友達に褒めてもらったことが励みになって自信につながっているのです。先生が褒めるより、友達に褒められることの方が効果ありというわけです。グループワークをまたやってみたい、という意見が山ほどありました。生徒が成長したのです。このような授業が、二年目以降もどんどん増えていきました。

授業観察結果を百点満点でつけるだけではなく、全体の分布表を貼り出したこともあります。みんな関心がないかなと思っていたら、教頭が「みなさん見に行っていましたよ」と報告してくれました。みんな相対的位置も気になるのですね。この授業観察評価シートについては、当初、他の校長から目をむいて、「よくそんなことができるね」

授業中のペアワーク。立って行うこともよくある

と言われましたが、真剣にやれば受け入れられるものです。初年度には、「校長が理解できるか」という項目に四十点も配点して、どんなに悪くても六十点以下にはならないように工夫しました。その項目は年々配点が下がるのですが、その分、先生方の授業はメキメキとよくなっていきました。

私の目標は、生徒の目線で、「いろいろな授業があって楽しいな」と思えることです。生徒を飽きさせないことです。そういう意味で、さまざまな授業が展開されるようになり、授業改善は成功しました。校長勤務の後半は、授業観察で教室に入って、休みの生徒がいるとその席に座り、生徒目線で授業を受けました。そうするといろいろなことが分かるものです。二列目に座ったとき、とても授業に集中できました。窓側の席だと、スクリーンが反射で見にくい時もありました。ペアワークをすることやグループワークに入ることもありました。授業観察では、先生の観察だけではなく、生徒の観察もでき、一緒に楽しく授業を受けることができました（楽しみを見つけないと授業観察って結構大変なのですよね）。

ただ、生徒会役員との懇談の中で、「校長先生は最近暇らしいともっぱらの評判ですよ」と言われた時はショックでした。二学期ほど忙しい時期はないのです。教職員全員との人事面談をじっくり行い、中学校訪問を行い、同時並行で授業観察をするわけですから。

授業アンケートの導入

大阪府立学校では、二〇一三年度から正式に生徒による授業アンケートを導入することになりました。これまで各学校で取り組んできた、各教員が実施する授業アンケートとは異なります。評価にも影響する取り組みで、大阪府の統一様式で年二回行われます。

授業アンケートには目的が二つあります。一つは、「生徒自身が授業を振り返り、今まで以上に授業に対する取り組みや授業に臨む意欲を向上させるために行うもの」です。今一つは、「担当している教員が、生徒の授業に対する要望を知ることにより、今後の授業の改善や充実を図るため」に行います。

一学期の期末考査終了後、第一回目となる授業アンケートを実施しました。生徒一人一人がしっかり答えてくれるよう、校長自ら全校一斉放送で説明しました。狭山高校は、七月と一二月に実施しています。

この授業アンケートの結果の数値が、年々上昇していきました。二〇一三年度は、平均二・九五、二〇一四年は三・〇五、二〇一五年は三・一一、二〇一六年は三・一六と右肩上がりでした。四・〇が満点で、上記数値は二回の平均です。先生方の努力によって、生徒にとっていい授業が年を追うごとに提供されるようになった証拠です。

〔四〕 学習活動のパワーアップ

「講習の狭山」の復活

狭山高校は、三十八年前に地元の強い要望を受けて誕生した学校です。初めの数年間は、他校の受験を希望する中三生を説得して狭山高校に進学させた経緯もあり、学力の高い生徒からそうでない生徒まで学力の幅が大きい学校だったようです。地元集中で三つの中学校から百名ずつは来ていました。当時は十二クラスで一学年が五百名を超えていました。おのずと学力も上位層がいます。そのため、学力の高い生徒への学力保証という意味で、講習が盛んに行われていました。その名残が今もあると思います。講習を行うことへの抵抗感が先生方の中にはほとんどないのです。皆さんそれぞれに進学のための講習、補習のための講習と多くの講習が早朝から放課後まで、長期の休み中も開講されています。私が着任した頃は、「生徒が塾に行ってしまってなかなか講習に参加してくれない」というボヤキとも聞こえる声をよく耳にしました。先生方は、生徒が希望する進路を実現するために心血を注ぐ覚悟があるのです。なのに、大学生が講師をしている塾に行ってしまう、と嘆くのでしょうね。塾は駅前の便利なところにあり遅くまで自習室が使えるので、高三生にとっては使い勝手がいいのでしょう。保護者や生徒の気持ちがわからないでもありません。

そこで私は、入学説明会で「講習の狭山」をアピールしたらどうだろう、と進路部長にアドバイスしました。入学する時点で、「一年、二年、三年では通常時は早朝と放課後、そして長期休み中にこれだけの講習を開講しています」というひな形（開講予定表のようなもの）を見せるのです。そうすれば、公立ですから、無料で充実した内容の講習を受講できるわけですから、かなり魅力的に映るだろうと考えたのです。

ところが、とうとう実現しませんでした。なぜなら、先生方は確実なものしか見せたがらないのです。夏休み前にならないと夏休みの講座がわからない。この考え方だと進路部長もまとめることはできないのです。融通が利かないというのでしょうね。「こんな感じですよ」と決まっていないことをオープンにすることを嫌うということでしょうか。結果を出すために、「エイヤー」でやってもいいのではないかと、私は思っていました。

講習の狭山は健在ですし、内容もとても充実しています。公立高校は、先生に食らいついていけば、とても実りある勉強ができるところだと思います。経済的に塾に行けない生徒たちの中には、学校の講習と自習室の利用と教員への質問のみで国公立大学に入ったケースがいくつもあり、「講習の狭山」というお家芸の復活を名実ともに果たしたのではないかと思っています。

勉強合宿の積み重ね

二〇一一年の夏休みから、三日間の勉強合宿を始めました。第一回目は高野山の宿坊、第二回目は河内長野ユースホステル、第三回目からはウォーターフロントにあるホテル仕様の研修センターを会場に、五年間行ってきました。研修センターは少し割高ですが、ブッフェスタイルの食事は食べ盛りの生徒たちには魅力だと思います。どこで勉強合宿を行おうと、特に教え子が参加している先生方は生徒たちに差し入れを持って勉強を教えに来てくれます。生徒たちも待っています。私はさしずめアイスクリーム等を差し入れる係です。そばについていることで励みになるのではないかと思いつつ、一緒に泊まったりしました。

ユースホステルでは、こんな経験をしました。私にとって初年度だったので、二泊三日付き合いました。そこで発見したことは、みんな同じ勉強をしているので、どうしてかなと思ったら、一年生たちは皆宿題をやっているのです。もったいないことだな、と思いました。数学を少々教えたりしましたが、「わかった、ありがとう」と言っていた生徒が、「解答とやり方が違うのでよくわからない」と言います。何回かやり取りをした後、「もうわからないから全部覚えるわ」と言い出し、私は思わず「数学を覚える⁈」ということで、校長初年度ということもあり、生徒の実態、学力の実態を知ることとなったわけです。数学を覚えるとは、かなりショックな出来事でした。

三回目からこれで勉強合宿のひな形が出来上がったなと思いましたが、五回目から参加希望者が減り始めました。それは、新たな取り組みの「八耐」が二〇一五年から始まり、三年生がごそっと「八耐」に行くので、当然の結果と言えます。私は、「勉強合宿は役目を終えた」と考え、二〇一六年の夏、勇気ある撤退を決意しました。新たな取り組みを始めたら何かをやめていかないと、どんどん業務が肥大化していきます。勉強合宿への参加を希望した十数名の生徒たちには、「八耐」と同じ日程で勉強会を学校で行うことにしました。勉強合宿の積み重ねがあったからこそ「八耐」も生まれてきたわけですし、生徒が勉強漬けになるイベント?は、これからも形を変えて生き残り続けると思います。

八時間耐久自主勉強会

二〇一三年に入学した三十四期生が三年生になる春休みに、「八耐（八時間耐久自主勉強会）」を始めました。文字通り毎日八時間学校で勉強します。並行して開講している講習を選択しながら自分で学習計画を立て、とにかく八時間頑張るという取り組みです。マラソンに見立てて途中に給水ポイントがあり、後援会からの支援として飲み物等が準備されています。

次の三十五期生は、この「八耐」を二年生の冬休みから始めました。学年の約四分の一の生徒が参加します。普段、こんなに自分を追い込んで勉強していない生徒たちなので、仲間と共に頑張れるというのがいいのではないでしょうか。すぐ近くに教員がおり、いつでも質問に行くことができます。生徒にとっては、初めて集中して「長時間勉強して受験勉強の大変さを体験する」ようで、「受験勉強の動機づけ」になっています。自分の志望校に合格するために必要な勉強時間数をよく知り、そのクリアをめざして頑張ってほしいものです。

この「八耐」という取り組みは、今後も狭山高校の伝統になっていくのではないかと考えています。一人でも多く、一日も早く受験準備の大切さに気がついてくれればいいな、と思いました。

高3生用の自習室。ここで高2生が勉強しているところを発見し、各学年用の自習室を整備した

自習室の整備

着任した時に、三年生のフロアだけは、ブース形式の自習室がありました。職員室の向い側なので目が行き届き、また生徒は質問もしやすいだろうな、と思っていました。当然三年生が受験勉強のために使っているわけですが、ある日、その自習室で二年生の男子生徒が勉強しているのを発見したのです。「君、二年生だよね？」「はい、そうです」ということで、「二年生にも自習室が必要なんだ」と認識しました。でも予算を

どうするのか、と考えているとき、秋になって項目限定の校長マネジメント推進費のコンペが発表され、これに飛びつきました。

狭山高校は「進学実績の伸び」で挑戦することにしました。三十期生の成果がよかったからです。査定の結果、「私立大学進学実績の伸び率向上」という項目で、約二百二十万円の予算を取得しました。この予算で、二年生と一年生のフロアにも自習室を作ろうと思いました。コンセプトとしては、三年生は受験勉強のため全面ブース形式、二年生は半分ブース形式にして半分は平机、一年生はすべて平机、という発達過程と学習内容に応じた整備です。予算内で自習室だけではなく、ドリラボ（ドリーム・ラボラトリ：生徒のための進路資料室）の書棚、赤本を始めとする受験資料等を整備することができました。

後日談ですが、二年生の自習室には考えていたより多くのブースが入ったため、密室のようになってしまいました。よからぬことが起こってからでは遅いので、すりガラスのドアと透明ガラスのドアを一枚ずつ入れ替えて、前からも後ろからも部屋の中がよく見えるようにしました。隠れ家は、いくつになってもワクワクするものですからね。

第三章　さやまグローカルで生徒が育つ

〔一〕異文化との衝撃的な出会い

昼休みにグローカル・ルームで行われる、イングリッシュ・ランチの風景

イングリッシュ・ランチ

イングリッシュ・ランチを始めた経緯は、次のとおりです。二〇一二年に着任した四月下旬、夏休みに実施するオーストラリア語学研修の説明会を行いました。すると、十五名程度の募集に約五十組の親子が参加されました。グローバルな視点が持てるよう海外研修に積極的に取り組もうとする熱い思いが伝わってきました。

こんなに多くのニーズがあるのなら、昼休みにお弁当を持ち寄って英会話を楽しみながらランチを食べる機会を作ってはどうだろうか、と考えたわけです。もう一つの理由は、これからの時代、異文化で育った人たちとコミュニケーションをとるのに英会話は必須だろうと思ったからです。これは、私自身が英会話が苦手なために、前職での任務を完遂するために非常に苦労したという経験に基づいています。

生徒たちに、将来苦労させたくないからです。異文化の人たちとのワーキング・ランチが日常茶飯事になるかもしれないと思いました。このイングリッシュ・ランチについては、ネイティブの先生が協力してくれれば、比較的容易に始められると考え、着任して初めて行った新しい挑戦です。

第一回目は六月一日（金）に行いました。ネイティブのアンディー先生（T-NET）にお願いしたところ、快諾してくださり、週一回金曜日の昼休みに行うことにしました。初日の入りは生徒十五名で、まずまずのスタートでした。その時によって何人来るか、どんな話がなされるのか、計画がないところがいいところで、普段の友達との会話が英語になるというイメージを描いています。

イングリッシュ・オンリー（?）としているため戸惑う場面もありますが、国際交流委員会の先生方にも手伝ってもらって、生徒たちが英語で日常生活を楽しむ環境が作っていければいいなと思いました。

取材で取り上げるということで、ふたを開けなければ何人来るかわからないのに、イングリッシュ・ランチの初日に、大胆にもＭＢＳのＶＯＩＣＥの取材を受ける決断をしました。結果オーライだったかなと肝を冷やしましたが、イングリッシュ・ランチのシーンはしっかり放映されました。当時はまだグローカル・ルームがありませんでしたので、コミュニティー・ルームで行いました。

グローカル・ルームの完成

二〇一三年二月一日（金）の昼休み、グローカル・ルーム完成記念オープニング・セレモニーを行いました。前年の夏、大阪府教育委員会が府立学校に提示した「校長マネジメント推進事業中期計画推進費」のコンペに参加し、十校の中に選ばれました。

選定理由は、「生徒、保護者、地域の要望や学校の現状がしっかりと踏まえられ、子どもたちがどのように育っていくのか、めざす姿を実現する方法や道筋が極めて明確な点」だそうです。その獲得予算のテーマは「さやまグローカル」ですが、そのメイン事業であるグローカル・ルーム

グローカル・ルームのテーブルは、さまざまな形に自由に並べ替えることができる

がようやく完成したのです。

何故この日にしたかというと、イングリッシュ・ランチでお世話になった当年度後半狭山高校に来てくれたネイティブの英語教師であるカイ先生の契約期間が二月五日までだったからです。カイ先生のフェアウェル・パーティーも兼ねて行いました。といっても二五分程度の時間しかありませんでしたが、生徒たちはセレモニーの後カードゲームの「UNO」を楽しみました。

その当時私は、このグローカル・ルームを「世界をのぞける窓・世界につながる場所」、「未来を語る空間」というコンセプトで充実させていきたいと考えていました。イングリッシュ・ランチをはじめ、姉妹校とのインターネットを介した交流、近隣の留学生との交流、英語でゲームをしたり……。英語の速読教材やiPad miniを入れましたが、英語の授業に限らず展開授業や選択授業で使えばいいと考えています。

例えば数学だったら、Add, Device ……Integral，Differential……といった言葉を使って授業をすれば興味も沸くというものです。世界で活躍している日本人のことを学ぶのであれば、世界地図を見ながらインターネットの英語版で学習すればいいと思います。アイデア次第でいくらでも活用できます。

生徒たちには刺激となる異次元空間になることを祈っています。時には、放課後校長がおり、生徒と片言英会話を楽しむ、というような空間になればなとイメージが膨らんできます。

もちろん、狭山高校の将来を考える「SP委員会NEXT」の活動場所でもあります。知恵と時間と労力を惜しまず提供してくれる教員たちが集まる場所でもあるのです。

イングリッシュ・ランチのその後

ネイティブの先生は、毎年交代で来られましたので、生徒も様々なタイプの先生と接することができました。

初年度の一学期は、アンディー先生が大きな役割を果たしてくださいました。しかし、二学期からは短期間ですがカイラム・ムル先生に代わりました。フロリダ州出身で、日本で英語教育の経験もあり、二六歳の若さだったので、生徒にはかなりインパクトがあったようです。

生徒たちのオーストラリアでの語学研修の成果も披露され、また、大阪府の代表としてフロリダ州で行われるテニス合宿に参加する生徒たちも英会話に取り組み始めました。話したいことがいっぱいあるのに話せないもどかしさを感じているようでした。

イングリッシュ・ランチの役割も大きいなあ、と感じました。後半は、カイ先生にお世話になりました。生徒とは友達感覚で接してくださいました。二〇一三年度は、イギリスからベッキー先生（レベッカ・ウッド先生）が来られ、うら若き女性とあって当初生徒たちには大人気でした。

その後も多くの先生方にお世話になりましたが、二〇一五年はNET（Native English Teacher）の先生が早くから派遣されてきたので、四月からイングリッシュ・ランチを始めることができました。カナダ出身のジミー先生は長吉高校のNETですが、木曜日と金曜日に狭山高校に来られました。狭山高校に来るのを楽しみにされており、とても人気のある先生でした。

次々とさまざまなネイティブの先生と接することができ、自ら望む生徒たちには異文化体験ができて、よい取り組みとなりました。

イングリッシュ・サロン

「イングリッシュ・ランチは英国式のランチだから、昼休みに行っているのはイングリッシュ・サロンと呼ぶべきではないか」と、ボランティア講師のホワイト先生に指摘されました。

私が思い描いていたイングリッシュ・サロンは、放課後にグローカル・ルームで、紅茶とお菓子を食べながら、校長が生徒と語り合う（もちろん英語で？）イメージです。しかし、とうとうそのような時間をとることはできませんでした。心残りです。

オーストラリア語学研修に参加するメンバーは、出発する前の研修として、ホワイト先生に面談をしてもらいました。苦し紛れで、これをイングリッシュ・サロンと呼びました。

実は、狭山高校に派遣され週二日間来られるネイティブの英語教諭がとても忙しく、イングリッシュ・ランチを担当して下さる先生を探していました。そこへ学校協議会の会長に紹介していただいたのが、ホワイト先生です。

米国カンザス州出身のジェームス・ホワイト先生のおかげで、六月になって久々にイングリッシュ・ランチが再開できたのです。すると、オーストラリア語学研修に参加する生徒十六名を中心に、計二十五名もの生徒が集まり、グローカル・ルームが満員になりました。

ホワイト先生は、帝塚山学院大学で長らく教鞭をとられたベテランです。八十歳というご高齢でしたが、生徒を親身に指導してくださいました。食堂等で一緒にランチをしながら、随分お話をしました。

ホワイト先生は、二月に最後のイングリッシュ・ランチを終えた後、万感を込めて私に最敬礼をしてくださいました。実は、ホワイト先生は元米陸軍の最上級兵曹長としてキャンプ座間で勤務していた方です。下士官として士官に敬意を表してくれたわけです。陸軍勤務を終えた後、大阪に移り住み帝塚山学院の教授を務められていました。

韓国スタディーツアー

二〇一三年七月十日(水)~十三日(土)までの間、韓国スタディーツアーで姉妹校の景福高校を訪問しました。創立百年となるソウル市公立の伝統校であり、政財界で活躍するOB

を多く輩出した名門男子校です。狭山高校は、この景福高校と前々校長時代から約十年間姉妹校として交流を継続してきましたが、訪問した時は七年目に当たりました。そもそも本校が景福高校に見初められた理由は、本校生徒の気質と女子生徒のスカート丈の長さであると聞いています。韓国は儒教の国ですから、ミニスカートには抵抗があるのでしょう。姉妹校を希望しているミニスカートの学校の校長がとても悔しがったそうです。

今回のスタディーツアーは、たまたま女子生徒のみ十名となりました。「なぜ男子生徒は来ないの？」という質問も出ました。景福高校では伝統文化を体験し、ホストファミリーもホスピタリティーに富んでいて、十名の生徒たちはとても有意義な日々を過ごしたようでした。

2013年、韓国スタディーツアーで景福高校を訪問した時の記念写真

韓国は、車で走行してもハングル文字があふれている他は、外観は日本とほとんど変わらないと思います。言葉の違い、生活習慣の微妙な違い、儒教思想、北朝鮮の様子や離散家族のこと、男子生徒は二十歳で軍隊に入ること等、生徒たちは研修とホストファミリーとの対話の中で、少なからずカルチャーショックを受けたはず

です。

韓流ドラマやK-POPが流行っていますが、それは単なる一面にすぎません。スタディーツアーに参加したメンバーは、異文化との衝撃的な出会いを通じて、自分の中に起こった嵐のような変化と向き合い、今後の成長につなげていくものと信じています。

一学期の終業式では、ツアーに参加した生徒が全校生徒の前で成果発表を行いました。生徒全員で貴重な経験を共有できました。

韓国では、アフター5で旧友とその娘さんに会うことができました。元海軍大佐のキム・ホーチャン氏です。海上自衛隊幹部学校の第三十九期指揮幕僚課程に入学した韓国海軍から初めての留学生で、同期です。数年ぶりの再会で、懐かしかったです。引率教員のM先生は韓国語が堪能で、すぐに打ち解けて話が始まりました。キム・ホーチャンは日本で駐在武官もやっていたのですが、かなり日本語を忘れていました。

景福高校生徒の来訪時、ダンス部と交流しているところ

景福高校生徒の来訪時、茶道部がお点前をしたお薄をいただいているところ

私はもっぱら慶応大学を卒業したばかりの娘さんと日本語で話が弾みました。幼い頃我が家にも遊びに来てくれた娘さんです。彼女も海軍に入隊するということで、様々な話をしました。というわけで、生徒にとっても教員にとっても異文化交流は充実していました。

AFS留学生

二〇一三年七月十五日（日）の海の日に、大阪にいるAFS留学生（高校生）五名と狭山高校生十七名が交流をしました。留学生は米国（二名）、ベルギー、フィンランド、イタリア各国から来ていて、長期滞在の生徒もいれば、短期滞在の生徒もいました。

今回の交流は、国際交流委員会に所属する英語教諭のK先生が以前からAFSとのかかわりを持っており、AFS日本協会大阪南支部の協力を得て実現したものです。五名の留学生のうち男子は一名です。エスコートにも男子生徒が必要ということで、三名の男子が対応しました。

整備したばかりのグローカル・ルームで一緒にお弁当を食べ、大阪に関するブリーフィングをしたり、伝統文化の説明をしたり、とんぼ玉の実演を見学したり、あっという間の半日でした。

私が驚いたのは、生徒が熱心に準備をしていたことです。英語が得意というわけでない生徒

景福高校生徒来訪時の記念写真

たちが、留学生に心地よく過ごしてもらうために、英語で書いたメモを作り、パワーポイントで資料を作成し、一生懸命準備をしたのでしょう。中には、かき氷器を持ち込みかき氷を振る舞っているグループもありました。何事もやる気になればできないことはない、「十代の生徒たちの交流は意外とハードルは低いのかもしれない」とつくづく感心しました。

同じ年の十月の三週間、オーストラリアのＡＦＳ留学生チェルシー・フィップスさんが、狭山高校に通学することになりました。英語の教諭が担任をする一年五組に入りました。五組では、すぐさまチェルシーさんのお世話をする五名の女子生徒が名乗りを上げました。

全校生徒には集会時に紹介しましたが、三年生男子からすかさず「チェルシー！」という声がかかります。チェルシーさんは、狭山高校の制服を着こなし、自己紹介を日本語で上手に行いました。彼女は、日本語と日本の文化を勉強したくて日本に来ました。狭山高校の生徒たちにも大きな刺激となりました。異文化圏の高校生と一緒に学ぶことがごく自然に感じられるように、慣れ親しんでくれることを願っています。

実は私も東京にいるとき、ホストファミリーとして一年間ＡＦＳ留学生をあずかった経験があり、ＡＦＳ留学生には特別に親近感を持っています。日本で多くの経験をして母国に持ち帰り、日本の良さをそれぞれの国の人々に伝えてほしいものです。

キャリー校姉妹校提携

二〇一四年七月二十九日（火）夜、韓国との交流二日目終了後、直ちに関西空港に向かい、シンガポール経由でオーストラリアに向かいました。ハードスケジュールですが、前職からこういうのには慣れていたので平気です。

狭山高校の生徒十名はちょうど一週間前に語学研修に旅立っており、校長が渡豪するのは、キャリー・バプティスト・カレッジとの「姉妹校提携調印式」に参加するためです。

当初、前年日本で調印する予定でしたが、オーストラリアの保護者が放射能が怖いという理由で生徒が来日しなかったため、こちらから行くことにしました。

三十日（水）の午後パース空港に到着しましたが、学校の様子を確かめておきたかったので、まっすぐ学校に向かいました。学校の中を案内してもらい、懐かしさを感じました。幼稚園から高校までが同じ敷地内にある一貫校だからです。私が通学したカトリック校も、幼稚園から短大までの一貫校でした。

三十一日（木）は、いよいよ調印式です。オーストラリアの国の花であるゴールデン・ワト

オーストラリアのキャリー校との、姉妹校提携調印式の様子

ルの花と日本の桜の花をあしらった同意書にサインをしました。なかなか経験できないことです。スピーチの冒頭の紹介で、校長になる前は海上自衛隊で勤務していたと言ったら、案の定、衝撃で会場はどよめきました。ネイビーは世界に通用するのです。また、「大阪府と福島県は七百km も離れていて放射能は心配ないから、来年は来てください」と話しました。

本校生徒は小学生の日本語クラスに参加しました。にわか覚えで、「大きな栗の木の下で」の日本語と英語バージョンを覚え、自己紹介とともに披露しました。小学生からは、日本の生活や文化について多くの質問が出ました。お箸の使い方を一緒に学びましょう、ということで、リボン型のパスタをお皿に移し替えるゲームをしました。五クラスもあり、同じことを五回見学するとさすがに疲れましたが、小学生にとっては初めてのことでもあり、嬉しかったのだと思います。

オーストラリアのキャリー校が来日した時、副校長が数学の授業をしてくれた

夜は、校長主催の歓迎会を開いてくださり、ごちそうになりました。ワインが進むにつれ会話も弾むようになり、オーストラリアとの関係はホストファミリーとして一年間高校生をあずかったり、娘がタスマニアの姉妹校に留学したりと、話題には事欠きませんでした。

八月一日（金）は、フェアウェル・パーティーが行われました。生徒たちは、一分間スピーチができるようになり、一人ずつ感想を述べました。そして「大きな栗の木の下で」をホストファミリーや先生たちに披露しました。校長先生から修了証を一人ずつ渡され、記念になりました。

姉妹都市オンタリオ市からのお客様

大阪狭山市の姉妹都市の一つがオンタリオ市です。よくカナダのオンタリオ州と勘違いされますが、オンタリオ市は米国のオレゴン州にあります。毎年ではありませんが、六月頃オンタリオ市の訪問団が大阪狭山市を訪れます。私の在職中に二回、狭山高校を訪問してくれました。

一回目は二〇一三年六月です。訪問団の中には五名の大学生と高校生が含まれており、到着後、狭山高校の有志八名と共に食堂で食事をしました。午後は数学の展開授業と剣道を見てもらい、学校紹介DVD鑑賞と校内ツアーを行いました。クラブ活動は、生け花とダンスの体験を行いました。生け花は独創的でよかったです。ダンスは一緒に踊った後、円陣のミーティング

大阪狭山市と姉妹都市である、オレゴン州オンタリオ市からのお客様

がいつまでも続きました。音楽やダンスは世界共通のコミュニケーションツールなのでしょう。

大人の方々の中には教員も含まれており、質問も多く皆さんとても熱心でした。ただ、オンタリオ市の高校では、入学しても卒業生は少ないそうです。狭山高校ではほぼ全員が卒業するという話をすると、とても驚かれました。

二回目は二〇一六年六月です。四月に行われた狭山池築造一四〇〇年記念行事の一環として行われた「狭山池まつり」に、オンタリオ市のロナルド・ベリーニ市長もトップセールスに来られ、その際に狭山高校来校についても話しました。今回は四名のお客様でした。三人家族（母親、女子高校生、男子中学生）と女子高校生です。母親は理科（化学）の教員です。理科の授業を案内しましたが、「アルコール発酵の実験」や加速度に関するアクティブ・ラーニングに興味津々でした。三日間通学するブレンナという女子高校生は、一年生のクラスに入り、日本の高校生と交流し、日本の文化を十分に体験してくれたと思います。

スイス人の独立心と愛国心

二〇一五年六月、ジュンナ・フレイさんという大阪狭山市生まれですが、お父さんがスイス人の高校二年生が、スイスの学校の夏休みを利用して、短期間ですが狭山高校で学校生活を送りました。

ＨＲの時間に、ジュンナさんが校長室を訪ねてきてくれました。スイスという国は国民皆兵で有名ですが、ドイツ語圏、フランス語圏、イタリア語圏の三地域からなっているそうです。イタリア語圏の国民は八％しかいないので、仕事をする上ではドイツ語やフランス語を勉強しなくてはならないそうです。ジュンナさんは、ラテン語やギリシャ語、中国語まで学んでいるそうですが、母親の母国である日本にとても関心があります。スイスと日本との懸け橋になれるような仕事を望んでいるのではないかと感じました。

狭山高校では、部活動では剣道と茶道に挑戦し、クラスには友達もできたと喜んでいました。自分をしっかり持っていて、自分の考えをしっかり述べることができ、愛国心と誇りを持っているなと感じました。狭山高校の生徒たちも刺激を受けたのではないでしょうか。

疾風怒濤半日ツアー

二〇一四年五月十三日（火）、三年目にしてようやく公立高校にぴったりの国際交流が実現しました。大阪観光局大阪観光コンベンション協会のコーディネートにより、台湾の南かん高級中学（高校のこと）の生徒三十二名が校長先生を始めとする三名の先生に引率され来校しました。

両校代表の挨拶や学校紹介等の簡単な開会式の後、授業は六クラスに分かれ、それぞれ担当の先生方が授業の進め方を工夫してくれます。部活動は、八つの運動部、文化部が名乗りを上げ、それぞれの部に分かれて交流します。

その後、生徒会を中心とした交流を行います。本校は生徒会長が挨拶し、放送部が進行担当する中、音楽部とダンス部が発表し、南かん高校は校歌の披露と『涙そうそう』を日本語で歌ってくれました。前の晩遅くまで練習していたそうです。本校生徒にとっても、校歌をしっかり歌うことに、かなりの刺激を受けたのではないかと思います。短い時間でしたが、全校生徒の約三分の一以上が何らかの形でかかわれたのではないかと思います。お別れには、吹奏楽部が『ふるさと』というしんみりした曲を演奏し、見送りました。

二〇一五年四月二三日（木）には台湾の国立揚梅高級中学校が来校しました。世界史のクラスでは、中国語を話せる狭山高校の生徒が前半通訳を行い、クラスメイトたちから驚愕の声が上がり、尊敬のまなざしを集めていました。

十月二十七日（火）には、台湾大渓高級中学校と交流を行いました。授業交流では、どの教科もその時々の時間割に応じて対応してくれます。特に、英語の授業は多いです。部活動の常連は、卓球部、剣道部、漫画文芸創作研究会、茶道部、書道部、軽音楽部、音楽部、ダンス部等です。授業と部活動でかかわる生徒は、本校生徒の五分の二以上にのぼり約四百名がかかわっているのではないでしょうか。「どうしてうちのクラスに来てくれないの？」という生徒の声を耳にすることもありました。

姉妹校との交流とはまた一味違う「疾風怒濤半日ツアー」ですが、異文化との衝撃的な出会いで、ときめき、ざわめき、驚き……ながら、生徒たちは成長するのだと思います。いつもたった半日の交流ですが、生徒たちはお互いに離れがたく、メルアドを交換したりして、いつまでも名残り惜しそうにしています。

同年十二月に、日本と台湾の教育関係者と観光関係者約二百二十名が一堂に会する交流会が大阪で行われました。大阪府立高校からは約五十名の校長が参加しました。一テーブル約十名で意見交換を行うのですが、その年の四月に本校を訪問された国立揚梅高級中学校の女性校長と隣の席になって話も弾みました。台湾の多くの学校は、日本の学校と姉妹校になり様々な交流を望んでいます。高校生が日本へ来るのも日本から行くのも数の上で一番多いのが台湾です。揚梅高級中学校からは姉妹校の申し入れがありましたが、狭山高校はすでに韓国、オーストラリアに姉妹校を持っていましたので、台湾の学校とは短期交流を行いたいと伝えました。

二〇一六年は、春に大阪狭山市の姉妹都市である米国オレゴン州オンタリオ市の方々との交流

台湾の国立揚梅高級中学校との交流の際における記念品交換の一コマ

を行いましたので、秋に半日ツアーを行いました。今度は中国本土吉林省の二校の高校生たち二十八名が来校しました。いつものスタイルで交流を行い、生徒たちは主に英語と身振りでコミュニケーションをとっていました。部活動ではいい汗を流した生徒もいたようです。生徒会主催の歓迎会では、英語による司会と生徒会長のスピーチは校長よりすごいと思いました。

台湾の高校生との交流の様子

　校長が挨拶する際、どの国の高校生にも海上自衛官として三十三年間勤務した経歴を話しますが、今回はやめておきました。案の定、二名の引率教員のうち、一名は中国共産党員でした。挨拶した時先生っぽくないなと思い、何の教科か聞いたところ、実は生徒には教える立場になく教員たちの思想教育をしているとのことでした。身分を明かさなかったから教えてくれたのだと思います。二校の先生からは、円滑な交流をしてもらったと感謝されました。これも年二回程度、姉妹校以外の学校と交流を重ねてきたからでしょう。このノウハウをもって、これからも疾風怒濤半日ツアーの交流を続けていきたいと思います。

JICAを通じて

二〇一三年十二月、二学期が終わった後一泊二日で独立行政法人国際協力機構関西国際センター（JICA関西）が主催する「二〇一三年度高校生国際協力実体験セミナー」に狭山高校一年生四名が参加しました。これまであまり世界のことまで考えていなかった生徒たちが、セミナーを通して異文化と出会い、他校の仲間たちと交わることで刺激を受けたのではないかと思います。

そして、その成果を見ることができたのが二〇一五年七月の取り組みです。三年生の英語の授業で、紛争地域のルワンダ等で元兵士の社会復帰を支援することに意義を見出し行動を起こした日本人女性の話題が取り上げられていました。地域は異なりますが、英語の担当教諭がJICA関西を通じ、バングラデシュで働く青年海外協力隊とコンタクトを取り、生徒たちと現地で青年海外協力隊員として働いている日本人を含むスタッフ等との話し合いをSKYPEを用いた遠隔授業で実施しました。

生徒たちには事前に二つの課題が出されました。一つは「ずさんな安全管理をどうするか」、今一つは「識字率の低さをどうするか」であり、①現地に何を送るか、②誰に送るか、③送る方法、④その留意点等、を考えるわけです。生徒たちは、グループワークで導いた結論をバングラデシュのスタッフと討議し、質問を受けたり、質問をしたりして、現地の状況を把握していきます。春までバングラデシュで勤務されていたＪＩＣＡ関西のスタッフが教室に来られ、サポートをしていただきました。私自身、新たに知ったことがたくさんありました。キャリア教育にもつながり、まさにアクティブ・ラーニングであると感じました。

〔二〕地域とともに生きる

さやま検定への挑戦

着任して一週間も経たない内に、狭山池まつり実行委員会の役員の方々が来訪されました。その時、何を頼まれたかというと、狭山池まつりの初日に行われる「さやま検定」を受検してくれ、ということでした。公式の検定テキストを持ってこられました。パラパラとテキストをめくりましたが、何も知らない私が三週間でこれを覚えるの？という感じでしたが、通勤の電車の中で読むことに決め、承諾しました。それからが大変です。でも、大阪狭山市に勤務したてのこともあり、テキストに載っていることがスポンジにしみ込むような勢いで脳に浸透していきました。担当者たちの心配をよそに結果は九十四点、一位の九十六点に迫る二位という高得点をとることができ、面目躍如となりました。「さやま博士」に認定されました。試験当日はＭＢＳの取材陣もついてきて、検定後は狭山池まつりの会場までカメラを担いで同行してくれましたが、このシーンは放映されませんでした。この狭山検定は毎年行われるのですが、「スーパーさやま博士」をめざして三年続けて受検しましたが、受けるたびに点数が下がっていきました。下手に知恵がつくと、勘違いを起こしてしまいます。最初の年は、単にビギナーズ・ラックだったのだと思います。

年を重ねるごとに他地域からの受検者も増えてきましたが、地元の受検者が増えないのは残念なことです。生徒たちにも地元のことを知ってもらいたいと思い、テキストを図書室に入れたりしましたが、なかなか思うようにいかないものですね。やはり検定はかなり勉強しなくては歯が立ちません。大阪で勤務する以上は、「なにはなんでも大阪検定」にも挑戦しようと思い、何回も挑戦しましたが、三級に合格しただけで、二級にはいまだ受かっていません。

地域での講話依頼

地域の一員として、地域から要請があれば、講話等はすべて応じようと考えていました。着任して間もない六月下旬、大阪狭山市福祉課の依頼で、〝社会を明るくする運動〟を繰り広げておられる「大阪狭山市更生保護女性会」の皆様に講話する機会を得ました。「教育方針と地域とのかかわり」というテーマでしたので、狭山高校での取り組みや生徒の様子を紹介しました。

何といっても、人数的に一番規模が大きかったのが「いきいき熟年大学」です。任期三年目の二〇一四年六月十九日（木）に行いました。正式名称は、「大阪狭山市熟年大学一般教養公開講座」の講演で、半年前から依頼されました。

SAYAKAホールの大ホールで行われ、約五百名の方々が聴いてくださいました。自衛官から学校長への転身が珍しかったのでしょう。講演内容は、「新たなミッション」と題し、海上自衛官時代の話から、なぜ転身を決意したか、そして現在勤務する大阪府立狭山高等学校で取り組んでいることについて、約一時間半にわたり話しました。熟年大学ですから、私よりも少し？　年上の元気な方々がお集まりになっていました。狭山生が大阪狭山市でいつもお世話になっているお礼を述べるとともに、お孫さんたちが狭山高校をめざしてくれるといいなという期待を込めて話しました。

雪の降り積もる日曜日に往復四時間かけて出てきて、自治会の会合で講話をしたり、狭山高校を管轄する黒山警察署で講話をしたりしましたが、任期中の最後の講話依頼は近畿管区警察局からのもので、近畿二府四県の女性警察官を対象とするものでした。

市長からのお誘い

着任した時は、大阪狭山市の市長は吉田友好市長でした。一年目は、お会いするたびに「大阪狭山市に引っ越してきませんか」と、実は三回も大真面目に言われました。普通なら、市長から三回も誘われたら、納税者になるため市内に引っ越してきますよね。ところが、私にはどうしても引っ越して来れない理由がありましたので、断り続けました。その理由というのは、長年、海上自衛官として転々と二十二回も異動をしてきましたが、ようやく嫁ぎ先のある関西に戻ることができたのです。そこには娘と義理の母が暮らしており、ようやく同居できるのです。なのに、アパートを借ります、とか言えませんよね。ということで、二時間くらいかかるのですが、通うことにしたのです。

三回も断った後は、決して言われませんでした。申し訳ないと思いましたが、定年後は家族と過ごしたいと考えていました。その吉田市長が辞められることが決まったとき、副市長から市長を表敬しませんか、とお誘いを受けました。夕方から出かけ、一時間以上もお話ししたように思います。教育の話、生き方の話、将来の話等多岐にわたりました。私は、ご挨拶をしたつもりでいました。

ところが、ある日突然、吉田市長が学校に来られました。出張等で不在にしていなくてよかったです。市長がわざわざ足を運ばれるのに、アポなしとはいえ、不在だと申し訳ないからです。最後のご挨拶をした後も、お手紙をいただきました。以前伺ったとおり、海外でボランティア活動をされているようでした。

同窓会会長が市長になった

着任した時、狭山高校の同窓会会長は八期生で大阪府議会議員の古川照人氏でした。地域のために様々な活動をされており、私たちは特に狭山池まつりでのお付き合いが中心でした。もちろん、入学式、卒業式等の学校行事には、同窓会会長として常に来ていただいていました。卒業生に対する同窓会の説明も行っておられました。

それが、二〇一五年四月、吉田市長の引退に伴い、古川氏が選出されました。同窓会会長が市長になられるというのは、心強いことですね。早速、生徒会役員を連れてご挨拶に行き、インタビューをしました。

大阪狭山市から善行者表彰

二〇一四年十一月三日（祝）の文化の日に、大阪狭山市功労者・善行者表彰式及び教育委員会文化教育功労者表彰がSAYAKAホールで行われ、狭山高校生徒会部が善行者表彰を受賞し、前期生徒会長の濱田君が吉田市長から表彰状を受け取りました。

被表彰理由は、狭山池まつりや狭山池クリーン・アクション

大阪狭山市長から、善行者表彰を受賞した時の記念写真

での貢献です。十年以上にわたる積み重ねが認められ、栄誉ある賞をいただきました。式の後のエグジビションでは、ダンス部が演技をしました。若さあふれる元気な姿を大阪狭山市民の皆さんに見ていただけて、また役所の方から好評だったと聞き、とても嬉しかったです。

狭山池まつりを通して育つ

私にとってまだ状況を把握できていない一回目の狭山池まつりが、四月二十八日（土）・二十九日（日）に行われました。結論から言うと、この狭山池まつりこそ、狭山生を育てるカギを握るものだと実感しました。

一年目は取材を受けている関係で、テレビカメラを引き連れて狭山池まつりのメイン会場である龍神舞台に到着しました。狭山池まつりは、日本最古のため池である狭山池が平成の大改修（一九八八年～二〇〇一年）後に生まれ変わり、毎年四月の最終土日に、誕生を祝う意味で行われています。初日の夜には、狭山池の周囲で灯火輪が行われ、花火も打ちあがります。

狭山高校は、龍神舞台というイベント会場の運営の一翼を担っています。①司会進行、受付案内（生徒会、放送部、ダンス部等）、②舞台への出演（ダンス部、吹奏楽部、軽音楽部等）、③テント等の設営、後片付け等の裏方（各種運動部、文化部）、その他ファンファーレ、趣意文の朗読等、のべ約四百名の生徒が参加しています。狭山高校の戦力がなければ舞台が成り立たないと言われ、狭山池まつり実行委員会から感謝されているところです。

生徒たちはそのほとんどが一部を担当するに過ぎないのですが、その小さな歯車が大きな歯車を動かしているということを生徒一人ひとりが感じてほしいと思っています。狭山高校のボランティア活動が地域を支え、地域の方々から感謝されることで、自尊感情や自己有用感を高め、それが自信となり成長していくのだと思います。校長在任中の五年間、この二日間は龍神舞台を中心に張り付きました。準備に出かけてくる生徒たちと後片付けに来る生徒たちが一部異なるので、少しでも参加した生徒一人ひとりに語りかけたいからです。テントを張ることも椅子を並べることもゴミを片付けることも、すべてが地域のためになっており、みんなの力がなければ狭山池まつりは成り立たないという話をするためです。

龍神舞台で活躍した生徒たちは、卒業後も同級生を引き連れ応援に来てくれます。そのような姿を見るたびに、狭山池まつりが生徒たちを育ててくれているなと実感するわけです。

そういう意味で、もう一つ生徒たちを育てる取り組みがあります。「狭山池クリーン・アクション」です。ほぼ毎月末の土曜日に実施されます。夏場だけは、狭山池博物館の噴水プールの清掃となります。

狭山高校は、テスト期間中を除いてクラブ単位で参加していますが、十二月末のクリーン・アクションだけは、百~百五十名規模で参加します。冒頭で校長にも挨拶の機会があります。

生徒会、運動部、文化部総動員して参加します。地域の方々との交流も生まれ、ここでまた地域に役立っているという自己有用感を高めて成長するのです。豚汁がふるまわれるのも恒例ですが、大挙していくものですから、いつも事前に食数を調査されます。

二〇一五年四月、この時期は各部とも春の公式戦等で出払ってしまうので、四月の狭山池クリーン・アクションにはなかなか参加できないでいました。ところが、実施の二日前に狭山池まつり実行委員長が「生徒を出してもらえませんか?」と学校まで頼みに来られたものですから、状況が変わりました。

真相は、翌年迎える狭山池築造一四〇〇年祭に向け、狭山池博物館を設計された建築家の安藤忠雄氏をMBSが取材し、テレビ番組を制作することになったそうです。安藤氏が、「最近大阪狭山市では若い人たちが頑張っているみたいだから、狭山池クリーン・アクションを取材してくれ」と言われたそうで、今回の話になりました。急なことでしたが、生徒会部、軽音楽部、演劇部の生徒約四十名が参加してくれました。「ちちんぷいぷい」という番組の取材があり、普段はとてもシャイな生徒た

毎月、最後の土曜日に実施される、狭山池クリーン・アクション。夏のみ、狭山池博物館の清掃となる

ちですが、しっかり取材を受け学校のＰＲもしてくれました。

このような活動を通じて、たとえ居住地は違っていても学校が所在する地域とのかかわりの中で、生徒たちが「地域の若きリーダー」に育っていってくれたらいいなと願っています。現に、卒業生の中には、これらのイベントを切り盛りするリーダーが育っており、頼もしい限りです。

狭山池築造一四〇〇年記念行事

二〇一六年、日本最古のため池である狭山池が、一四〇〇回目の誕生日を迎えました。この記念すべき年に、狭山池のほとりにある狭山高校長を務めていたことに、大きな喜びを感じます。

二月二十七日（土）には、大阪府知事、文化庁次長を始めとする多くの来賓を迎え、ＳＡＹＡＫＡホールの大ホールが満席になる盛大な記念式典が行われました。近隣自治体のゆるキャラも集合し、また、「狭山池築造一四〇〇年記念宣言」には、狭山高校卒業生である平田さん、大北君、小林さんの三人が参加していました。

例年は、四月の狭山池まつりの二日間、狭山高校は「龍神舞台」全般を担当し、出演するだけでなく、運営、司会進行、案内、テント・いす等の設営・撤去等様々な活動を行っています。二日間で生徒延べ三百～四百名を動員しています。また、月末の土曜日に実施される「狭山池クリーン・アクション」には、試験中でない限り、最大百五十名の生徒が参加して

狭山池まつりのオープニングで挨拶をしているところ

吹奏楽部が、龍神舞台でマーチングと演奏を披露しているところ

います。この年は、年間を通して各種イベントが計画されました。生徒も四月の狭山池まつりだけでなく、多くの場面で活躍することになりました。とても素晴らしい「キャリア教育」の場が提供されたわけです。

四月二十三日（土）・二十四日（日）、「狭山池まつり二〇一六」が開催されました。十四回目となる狭山池まつりは、生誕一四〇〇年の節目を記念して、例年にも増して盛大なものになりました。狭山池には黄色のラバーダックが浮かんでいました。狭山高校は、生徒会部や部活動の部員を中心に、このイベントの開催に毎年かかわってきました。メインステージである「龍神舞台」の運営については、司会（放送部）、案内（ダンス部）、受付（生徒会部）、テントや椅子の設営・片付け、ごみの処理から案内及びプログラムの掲示作業（多くの部活動部員）に至るまで、例年より多いのべ四百五十名を超える生徒が参加しました。OB、OGとして十数名の先輩たちも力を貸してくれました。

今回は特別に冒頭で「龍神舞台」で開会式が行われました。市長挨拶、市議会議長挨拶のあと、さやりんのパフォーマンスがあり、そのあと狭山高校校長の挨拶が入り、実行委員長の開会宣言という流れでした。校長が挨拶するとは破格の扱いです。私は、お祝いの言葉とともに、「龍神舞台で狭山生を育ててもらっている」という話をしました。舞台でのパフォーマンスだけでなく、企画・運営、司会・案内、会場の設営・撤去等あらゆる活動を経験する中で、生きる力を育んでいます。毎月末土曜日の狭山池クリーン・アクションも含め、地域に役立っているということを生徒が実感して成長につなげてほしいと願っています。「今後も大阪狭山市に所在する唯一の府立学校として、地域活動を繰り広げていきたい」と宣言しました。すると、聴いていた地域の人たちから、「狭山生が準備をしてくれてたんですね、初めて認識しました」と声をかけられました。言わなきゃわからないのでしょうね。狭山生の影の活躍に気がついてくださる地域の方が増えるといいなと思いました。

「龍神舞台」では、吹奏楽部とダンス部の公演が恒例となっており、素晴らしい演奏、演技を披露してくれました。吹奏楽部については、初日冒頭の演奏の後、地元中学校の吹奏楽部とともに、一周二、八五〇mの池堤をマーチングしました。

狭山生の毎年の貢献が評価され、二日目のプログラムに狭山高校が自由に発表してよい「狭山高校ステージフェスタ（十四時四十五分～十六時三十分）」が加えられたことも嬉しいことでした。テントでは、茶道部が野点を、美術部がボディー・ペインティングを行いました。舞台では、放送部が司会を務め、書道部、音楽部、ダンス部、軽音楽部がパフォーマンスを行いました。軽音楽部とダンス部のコラボもありました。参加生徒は百名を越えました。身なりを整え、丁寧で見事な舞台を披露する狭山生に万雷の拍手が寄せられました。また、軽音楽部は「桜の花メッセージボード」という他団体の出し物の運営に、演劇部は狭山池まつりの記録映画製作のアシスタントにそれぞれ携わりました。

さらに、当日会場において、熊本大地震震災義捐の募金活動を行いました。この活動は二人の三年生が発起人となり、有志が数時間も池堤に立ち続け、声をからして募金をお願いしました。その結果、十万円近くの善意が集まりました。子どもたちがお小遣いを入れてくれる姿を見て感動する生徒たち、その生徒の姿を見て私たち教員もまた胸が熱くなりました。来場した卒業生までがこの活動に加わり、狭山生の絆の強さも見せてくれました。優しい狭山生、明るく元気な狭山生、地域や日本に貢献する狭山生、そんな狭山生を私たち教職員は誇りに思います。

〔三〕本物を見せるということ

狭山高校に南極の氷がやってきた！

二〇一二年五月中間考査の最終日、全校生徒を対象に、誰も見たことのない「南極の氷」の授業を行いました。狭山高校で校長が行う初めての授業です。

この南極の氷は、思いもよらない人からのプレゼントです。今から約二十年前、厚木航空基地で一緒に勤務していた仲間で、五年前には砕氷艦「しらせ」に乗っていた海上自衛官が、私が大阪府立高校の校長に就任したことを知り、「生徒の学習の資としてほしい」との申し出で、南極の氷を送ってくれました。嬉しかったです。

「南極と南極の氷の話」という授業で、クイズに全問正解の生徒を紹介

南極観測を目的とした砕氷艦「しらせ」は海上自衛隊が運航していますが、多くの荷物や機材を南極に運んだあとは、ゴミだけでは軽くバランスが取れないため、バラストとして氷を積み込んで帰ることになっています。

勤務して四年目となった二〇一五年、生徒全員が入れ替わりましたので、三年前のように全生徒に「南極と南極の氷の話」を実施しました。今回は、四択と三択のクイズ形式で授業を進めました。八問を用意しましたが、全問正解者は全校で一人のみで、壇上で南極の氷入りのジュースを飲みました。一番難しかった問題は、「南極の氷の厚さの平均はどのくらいですか？」という質問で、答えは二、五〇〇ｍです。一番厚いところでは四、〇〇〇ｍもあり、富士山よりも高いわけです。地球温暖化で南極の氷がすべて解けたとしたら、世界中の海の水位が約六十ｍも上がり、大変なことになりますね。

あとの質問は、「南極の平均気温は？」「南極は日本の何倍くらいの大きさ？」「南極の氷の味は？」「南極に棲む一番深く潜る動物は？」「昭和基地は日本からどれくらい離れている？」「南極へは現在、何という船で行っている？」「暴風圏では、船が何度まで傾いたでしょう？」という問題を出しました。また、砕氷艦「しらせ」がどのように氷を割って進むのか、南極の氷はなぜ白く濁っているのか、について説明し、探検家白瀬矗《のぶ》中尉の南極探検の話も紹介しました。

生徒たちにとって南極の氷を見るのは初めてだったでしょうから、太古の雪が氷になったと聞いて、興味津々でした。水を注ぐと氷の中に閉じ込められた気泡がはじけて、太古の空気がパチパチ、シュワシュワと弾ける音を耳を澄まして聴いてくれました。目で見たり、耳で聴

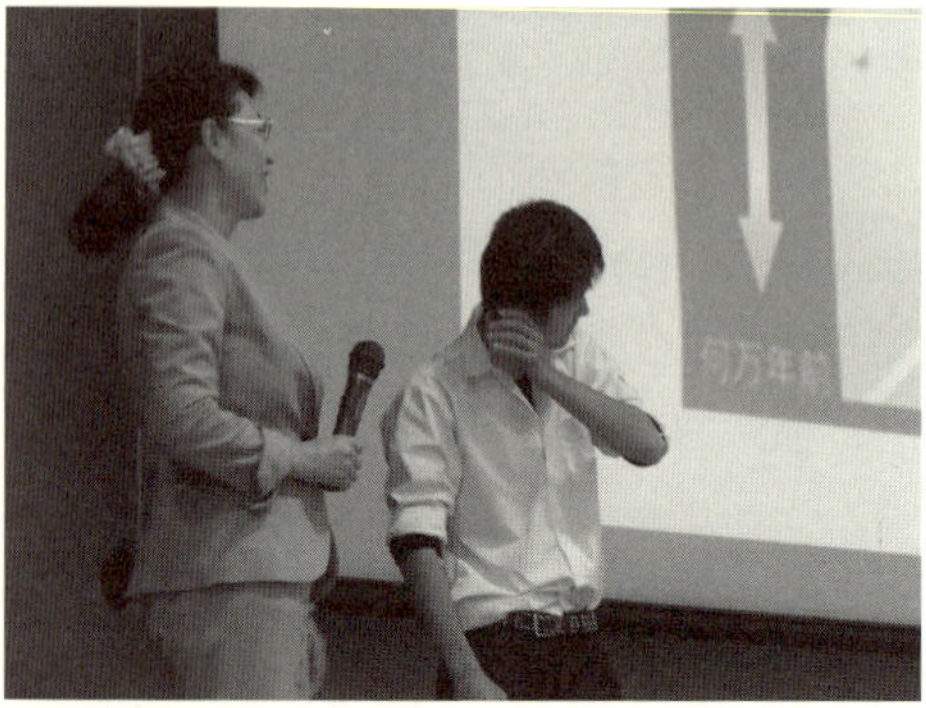

南極の氷がはじける音を聞く生徒

き、肌で感じたりしたものは、いつまでも記憶に残るものです。生徒たちには、本物に触れる経験をさせたいと思っています。

金メダリストの来校

私が校長に就任した際に、自衛隊体育学校に所属しているレスリングの小原日登美選手が、大変興味を示し電話をくれました。学校を訪ねたいとも言ってくれたので、「それならロンドンオリンピックで金メダルを取って、その金メダルを見せに来てほしい」と私は言いました。

自衛隊青森地方協力本部長として勤務している時、彼女は訪ねてきてくれて、その後数回会いました。私には、彼女が金メダルを取る確信がありました。何故なら、階級こそ異なりますが、世界選手権で何回も優勝していたからです。小原選手は本来五十一kg級ですが、オリンピックには同階級がありません。五十五kg級には吉田沙保里選手がおり、四十八kg級には実の妹がいるのです。ある意味悲劇のメダリストでした。

青森で出会った頃は引退をするという話でしたが、ロンドンでチャンスが巡ってきたのです。実の妹である坂本選手が結婚に伴い引退することになり、小原選手はすでに海上自衛官と結婚していましたが、階級を下げて、つまり危険な減量を行い、オリンピックに臨んだのです。

「八月八日に行われるレスリングの試合で、校長がよく知っている小原日登美選手がレスリングの試合に出るから、夜中だけれど応援してください」と、一学期の終業式で生徒たちに呼びかけました。そして、最初で最後のオリンピックで、小原選手は金メダリストになりました。

十一月二十一日（水）の午後、小原日登美選手と二年ぶりの再会を果たしました。集合した全校生徒と保護者、教職員が、所狭しと体育館に集合しました。オリンピックの決勝戦の映像を中心としたＤＶＤを鑑賞したのち、小原選手夫妻をロンドンオリンピックのテーマソング『風は吹いている』とともに拍手で迎え、講演をしてもらいました。生徒会役員がインタビュー及び花束贈呈を行った後、全員の記念撮影に移る頃には体育館は熱狂の渦になり、退場の花道は握手を求めたり、金メダルに触る生徒たちに埋め尽くされてしまいました。（表紙の集合写真）

ロンドンオリンピック金メダリストの小原日登美選手と校長室で。大陸側から見た日本地図を説明しているところ

感激している生徒たちを見て、私も感動しました。こんな光景は、今後なかなか見ることができないでしょうね。「あきらめない心」「挑戦する勇気」「パートナーとの協力」等、多くのことを学びました。生徒たちには、「本物と出会い、経験値を高めていってほしい」というの

が、私の願いです。

なお、一九八四年のロサンゼルス五輪でレスリング五十二kgグレコローマンスタイルで優勝された宮原氏（自衛隊体育学校第二教育課長：当時）も金メダルをもって同行してくださいました。また、教員との記念撮影時は五時を過ぎていましたが、出張の教員を除いてすべて残っていました。

森田先輩に食らいつく

伝統校と異なり三十数年の歴史しかない狭山高校にとって、社会で活躍している先輩の話を聴くチャンスは滅多にありません。ラブコールを送り続けて講話を依頼していた二十一期生の先輩が、二〇一三年五月に静岡県の某製薬会社の研究所から足を運んでくれました。

クローン研究で、平成二十年度文部科学大臣表彰科学技術賞を受賞した森田真裕氏は、近畿大学物理工学部四年生の時に、国内最年少でクローンマウスの作成に成功し、世間を驚かせ、新聞紙上をにぎわせ、一躍有名になった人物です。同時期に受賞された先生の中には、何とｉＰＳ細胞を作成された山中伸弥教授もおられたそうです。ところが、森田先輩は当時はまだ大学生で若かったので、カメラマンと間違えられ写真ばかり撮らされたという笑い話もあります。

狭山高校時代は、高三の夏の大会まで野球部員として活躍していたそうですが、生物の先生や友人との出会いが進路を決定づけたといいます。人生にはいくつかのターニング・ポイントがあり、その時にめぐってきたチャンスに気がつくかどうか、チャンスをつかめるかどうか、そして目標に向かって努力を傾注できるかどうか、が成功のカギなのだ、と痛切に感じました。じっと食らいつくように聴き入る生徒たちを見ていて、先輩の等身大のメッセージを受け取ってくれたように思います。生きたキャリア教育になりました。

東北復興支援コンサートでの募金活動

吹奏楽部の生徒たちに、以前から本物を見せるというよりも、本物を聴かせたいと思っていました。二〇一五年九月に、着任時からの悲願がかないました。

陸上自衛隊中部方面音楽隊後援会が主催する東北復興支援のチャリティー・コンサートが九月十六日（水）夜、大阪狭山市文化会館（ＳＡＹＡＫＡホール）で行われました。第一部は行進曲を中心に、第二部はボーカルも加わり復興支援ソングを中心に演奏が行われました。

七月初めに、中部方面音楽隊の後援会長がチャリティー・コンサートの趣旨説明に来られ、狭山高校生徒による募金活動の要請を受けました。その時、吹奏楽部の生徒なら一石二鳥と思い立ちました。演目の中に、吹奏楽部がその年の吹奏楽コンクールで演奏した課題曲を入れてもらい、生徒たちに聴かせることができました。自分たちが苦労して取り組んだ曲をプロはどのように演奏するのだろうか？プロの演奏を生で聴くのが一番の勉強だと思います。

吹奏楽部の生徒たちは、演奏会の前後と休憩時間に、大きな声と明るい笑顔で募金を呼び掛け、多くの方々が寄付してくださいました。演奏が終わってからもその感動からか、さらに多くの方々が寄付してくださいました。震災時東北で勤務していた私にとって、狭山高校の生徒たちが募金活動の一翼を担ってくれて、うれしい限りです。明るくさわやかな狭山生のことは、多くの方々の印象に残ったのではないでしょうか。

義捐金総額は三十三万六、〇八五円にのぼり、吹奏楽部員と共に大阪狭山市の古川市長を表敬し、お渡ししました。半分は日本赤十字社を通じて現地へ、半分は大阪狭山市が支援している岩手県大槌町に寄付することになりました。

〔四〕狭山生がはじける日

文化祭での驚きと感動

在任期間中、五回の文化祭を経験しました。毎年、普段おとなしい生徒たちがはじける姿を見ることができ、感激の連続でした。

最も感動したことは、予行時と本番ではかなり違うこと、つまり生徒たちは一晩で修正し著しく成長するということです。成長期なのですね。各出し物を見ていて、最後の仕上げ部分や追い込みに関しては、若いだけあって目覚ましいものがあります。生徒たちは一日で見違えるほど成長します。しかし、最終的な出来栄えは、いち早く着手し、段取りを考え、計画的に準備を進めたクラスが、やはり地に足がついたいい出来となっていました。クラスを引っ張るリーダーとフォロアーが一丸となって積み上げていくという営みが重要だと思います。また、三学年それぞれの違いも歴然としています。上級生を見て育っていくのだということがよくわかりました。発表内容は多岐にわたっていましたが、どの部門でもダンスを取り入れたイベントが多く、女子が男子を引っ張っている光景もよく見受けられました。時代の流れでしょうか？生徒会、文化祭実行委員会も連日連夜の準備で大変でしたが、随分行事運営の力をつけてくれたと思います。

地域の方々への広報にも力を入れ、入場者数は前年度の一・五倍に増加しました。特に、地域の方々は三倍に増えました。きっとこれまでは敷居が高かったのだと思います。大阪狭山市の広報誌に、「狭山高校の文化祭は二日間とも学校開放」ということを載せてもらい、狭山高校に興味のある地元の方々が多く来られたのだと思います。

最終年二〇一六年の文化祭の特徴と言えば二つありました。一つは、ＩＣＴの活用です。開

高2生のクラスパフォーマンス
（グランドステージで）

躍動感あふれる文化祭
（体育館で）

会式の中でクラスＰＲの際に、とても素晴らしいプレゼン映像を三年生だけでなく、一年生が作成していました。閉会式の成績発表の際も、生徒会がＩＣＴを活用し工夫を凝らしてワクワクさせてくれました。もう一つは、若い先生が増えてきたこともありますが、担任やクラブ顧問が生徒に交じり踊ったり、参加型の発表があらわれてきたことです。

初めて二、五〇〇名を超える多くの来場者があり、後夜祭では、軽音楽部の演奏、ダンス部のダンスに加え、音楽部と吹奏楽部のコラボや軽音楽部と吹奏楽部のコラボが登場し、とてもいい雰囲気だなあと思いました。演奏等で盛り上がったのち、花火を打ち上げ、二日間の文化祭を締めくくりました。

画期的だったと思うのは、二〇一五年の文化祭から、献血活動を行ったことです。二〇一五年七月、日本赤十字社の血液センターの方と大阪狭山市ライオンズクラブの方々が来校され、意見交換をしました。

日本は、今後人口が減り続けます。一方で、癌を始めとする多くの病気の治療のために輸血を必要とする高齢者等が増えていく中、輸血に必要な血液が大量に必要になります。しかも、新鮮さを維持するため保存は三日間だそうです。一方、二十代、十代の献血率が低下しており、献血を若いうちに習慣化しないと、団塊の世代が高齢者になる時期には、日々八五万人の血液が不足する事態に陥るそうです。大阪の大学では、献血の実施率が九十％を超えているのですが、高校では八％に留まっているということです。狭山高校では、生徒だけではなく多くの方々が集まる九月の文化祭の時に、献血車に来てもらうのが適当だと考えました。

そして、九月の文化祭時に、赤十字社の献血車に来てもらいました。その後、文化祭だけでなく、「卒業記念に親子で献血！」というキャッチフレーズで、卒業式にも献血車を呼ぶという流れができました。当時、献血活動をしている府立高校は、たったの四校のみでした。

文化祭オープニングでの役割

狭山高校の文化祭のオープニングでは、校長が仮装をして開会の挨拶をするというのが定番だったそうです。

ある日、文化祭実行委員長の西川君と皆川さんが校長室にやってきて、「ウェットスーツを着ていただけませんか？」と言いました。何をするのかと思ったら、「海猿」のテーマソングに合わせて舞台に登場し、挨拶をしてほしいというのです。

生徒から頼まれることは何でもやろうと思っていましたので快諾しました。ところが、持ってきたウェットスーツは可愛いい女性用ですが、どう見ても私には小さすぎると思いました。でも、試しに着てみるとピッタリなのです。サイズがよくわかりましたね。

まだ暑い時期なので蒸し風呂状態になりました。「Believe」の曲に合わせ舞台に登場するのですが、平泳ぎやクロールの真似をして曲に合わせ優雅に登場し、おまけに水中メガネ、シュノーケル、足ひれもつけているので、誰も校長とは思わなかったそうです。

挨拶をし始めて、生徒たちは校長だと気がついたようです。「海猿」の映画が流行っている時期でしたが、海猿は海上保安官、私は元海上自衛官、果たして生徒たちにはその区別がついていたのでしょうか？　二〇一二年の文化祭で、舞台デビューを果たしました。

二〇一三年の文化祭では何をやらされるのだろうかが、一学期が終わる頃の私の関心事でした。この年はやっていた「江南《カンナム》スタイル」の曲で、実行委員の女子チームと一緒に踊りました。

2012年の文化祭。海猿に扮して登場するも、挨拶を始めるまで誰も校長とは気づかなかった

前年と打って変わって曲が速いので、振り付けを覚えなくてはなりません。衣装は、スパッツの上にカラフルな韓国のエプロンを着けました。七月に韓国スタディーツアーで韓国に行った際に再会した、同期の娘さんからプレゼントされたものです。生徒たちと一緒に踊れて楽しかったです。また、生徒から褒められ嬉しかったです。

二〇一四年のオープニングはメッチャ大変でした。三回目ともなると、校長は今年オープニングで何をやるのだろう？　と、生徒たちは少なからず期待していたかもしれません。私としては、今年は何をやらされるのだろうと、気が気ではありませんでした。

2013年度の文化祭のオープニングで、実行委員のメンバーと「江南スタイル」を踊る

本番一週間前の金曜日に、ダンス部三年五人組から、この曲で、この振り付けで……と言われた時、正直〝ムリ〟と思いました。カナダの歌手アブリル・ラヴィーンの「What The Hell」という曲でした。初めて聴く曲ですが、メチャクチャ速いのです。繰り返しがない振り付けに、全くついていけませんでした。前年の「江南スタイル」どころではありません。ダンス部のメンバーには紙に振り付けの解説を書いてもらい、三日前には動きをビ

デオで撮らせてもらい、パーツごとの動きの研究を始めました。動きは徐々に頭に入りましたが、スピードについていけません。木曜、金曜の夜にリハーサルを行う中、まともに踊れたことは一度もありませんでした。まさに前日の夜が勝負でした。

しかも踊る前に三十二拍で体育館の後ろ出入り口からダッシュして舞台に駆け上がり、すでに踊っているダンス部五人組に合流して踊るので、息は上がってしまいます。

どこかを省略しなければ踊り切れない、と考え、本番の前夜に苦渋の決断をしました。途中で一か所四拍のみ手のふりを省略し、足のステップだけにしました。そして、拍子は自分で声を出してカウントすることにしました。とても複雑で、三拍目や七拍目で動きが切り替わる部分があり、数えないと再現できないのです。

十代の生徒たちとは違います。私は五十代にして初めてヒップホップに挑戦することになったのです。深夜まで練習し、朝は四時半に目が覚めたので練習を始めましたが、その時ようやくめどがついたという感じでした。文化祭前夜は大学の後輩のお宅に泊めていただいていたのですが、何をやってるのだろうとあきれていたでしょうね。

本番は何とかみんなの声援の中で、ミッション・コンプリート！（写真は裏表紙）舞台袖で見ていた男子生徒に、「校長先生、キレッキレでしたね」と言われたときは、たとえお世辞だとしても嬉しかったです。

仕事の苦労とは一味違いますが、正直私にとってはとてもプレッシャーでした。でも、生徒たちの楽しみである文化祭が盛り上がるのであれば、汗はいくらでもかこうと思います。そのためには努力を惜しまないつもりです。一生懸命努力する姿勢が、生徒たちに伝わっていればいいのですが……。

任務を与えられたら何とか完遂しようとする努力、忍耐力、根性は誰にも負けないと自負しています。これらは前職で鍛えられました。校長初年度ウェットスーツを着ての海猿といい、二年目の江南スタイルといい、徐々にエスカレート気味ですが、私もそろそろ限界でしょうか。生徒たちは多くのセリフを覚え、多くのダンスの振り付けを覚えますが、勉強については覚えるところが違うといいます。これは言い訳に過ぎないと思います。生徒たちはすごいです。何事も、やる気になればできるのです。

二〇一五年のオープニングが前年レベルのハードさだとついていけないので、早めに実行委員にどの曲を使うのかを聞きました。すると、何度聞いても「サマー・マットレス」に聞こえました。ネットで調べてみると、夏の布団は……と出てくるのですが、中に三代目 J Soul Brothers の「Summer Madness」があるではありませんか。これだ、と思いました。いやというほど聴き、振り付け指導に備えました。衣装も三代目の雰囲気にしてみたのですが、どう見えたのでしょうね？ 男子生徒が前面の張り出し部分で踊っていたので、校長のポジションがよくわからなかった人もいたようです。全体に埋もれていたとしたら、スピードについていけていたということで、良しとしましょう。

二〇一六年のオープニングでは、両サイドに男子生徒を配しセンターを務めました。曲は、ｔｒｆの「EZ DO DANCE」です。一九九〇年代の曲なので、先生方も知っているということでこの曲にしたそうです。たった六十四拍しかないのですが、複雑な動きの分析に手間取りました。ビデオを撮らせてもらい、一拍ごとに、足の重心はどっち？　とか手の動きはどう？　視線は？　という風に分析します。ようやく動きのツボを押さえ、踊れるようになると、あとはいかに音楽に乗るかですね。

十代の生徒たちとともに踊るのは本当に大変でした。文化祭の打ち上げで、私が中座して帰るときに、教員たちがこの曲を歌ってくれました。嬉しかったです。

文化祭のオープニングで、実行委員のメンバーと「EZ DO DANCE」を踊る

一年に一度挙手の敬礼をする日

「宣誓。僕たち、私たちはスポーツマンシップにのっとり、東京オリンピックに出ることも夢でないこの若い力を存分に発揮します。竹本チルドレンとしての誇りを胸に、競技は力強く、応援は華やかにクラスで団結し、完全燃焼することを誓います。

平成二十八年六月八日　選手代表　三年七組　黒田凌太郎

三年六組　川嶋夏怜」という宣誓が実行委員長により行われます。

狭山高校は、以前から体育祭ではなく、体育大会を行ってきました。日頃の体育活動の成果を検証するのが第一の目的ですが、生徒たちはこの五年間、実行委員会を作り、皆が楽しめる体育大会にしようと毎年積み上げてきました。限られた時間で、どれだけ楽しいものにできるかにも力を入れています。

私自身がつばのある帽子をかぶって行う行事は、体育大会のみです。開会式では、学年縦割りの分団毎に日頃体育の授業で鍛えたボイス・ランニングで入場するのですが、最初に校旗が入場し

校旗入場の際、校旗に対し、挙手の敬礼をしているところ

体育大会で、校旗掲揚時に挙手の敬礼をしているところ

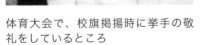

ます。その時、まず校旗がセンターを通過する際には挙手の敬礼をします。そして生徒全員が整列した後、校旗掲揚が行われます。吹奏楽部が校歌を演奏し、ゆっくりと校旗が掲揚されます。

その際、生徒たちは皆「気をつけ」をするのですが、私は「挙手の敬礼」をします。何故なら、つばのある帽子をかぶっているので、校旗に敬意を表するために、挙手の敬礼をするわけです。その姿を整列した生徒たちは見ています。

私は、校旗に敬礼することは、国旗と同じく敬意を表するという意味で、正しい行動だと思っています。五年間、その姿勢を貫きました。元自衛官として、一年に一度の挙手の敬礼はけじめです。実行委員の生徒が報告に来た時も、挙手の敬礼で答礼します。すがすがしい気分になります。

2013年の体育大会における選手宣誓

一年目は、実行委員長が、校長に号令をかけてくれというオーダーを出してきましたので、号令台から「前進」の号令をかけることになりました。ところが、全体がかなり左寄りに集合隊形を取ったために、全く別の号令から始めました。「右へならへ」とか「○○基準、別れ集

体育大会で、表彰状を渡す

躍動感あふれる体育大会

まれ」とかです。習ったことのない号令ですが、みんなそれなりに動いてくれました。冷や汗ものですね。

私が着任した年から、教員が手を出さない生徒の運営による体育大会を始めました。三年生の「体育実技講座」を選択する生徒が実行委員となります。卒業生の教育実習生が、やり方が相当変わっているので驚くとともに、自分も自主的にやりたかったという意見を漏らしていました。担当するM先生にとって生徒の指導はなかなか大変だと思いますが、やればできるようになって、それが自信につながり生徒は必ず成長すると思います。そして継続することで、先輩を見た後輩がまた育っていくのです。この体育大会の様子を、二〇一四年六月十一日（水）、和田教育センター所長（当時）が見に来て下さいました。

狭山生のクリスマス・イベント

再び文化祭が始まったかと思いました。二学期の期末考査の後は毎日三時限で授業が終わるため、生徒たちの独自企画でクリスマス・イベントが繰り広げられます。初めての年は度肝を抜かれましたが、毎年繰り返されるのを見ると、一種の伝統なのでしょう。音楽室でダンス部の発表が、そしてコミュニティー・ルームで軽音楽部の演奏会が行われ、みんなノリノリになるのです。私も生徒に交じって、演奏を聴きに行きノリノリになります。

毎年このような活動をしているのなら、生徒たちだけでなく、保護者や地域の方々にも来ていただいて楽しんでもらえるようなホールがあればいいな、とイメージが膨らんできます。

またある年は、クリスマス・プレゼントが届きました。二年生の音楽を選択している生徒たちが音楽のI先生と校長室にやってきて、ハンドベルで演奏を聴かせてくれました。〝もろびとこぞりて〟です。教会では讃美歌第百十二番として歌われるクリスマス・キャロルですね。とても嬉しいプレゼントでした。

さやま文化部フェスタ

二〇一七年一月六日（金）、さやま文化部フェスタの初回公演をＳＡＹＡＫＡホールで行いました。何故実施に踏み切ったかというと、狭山池まつりで狭山高校フェスタというプログラムに約二時間をいただき、その時の文化部の生徒たちの新たな顔を発見したからです。学校の文化祭とはまた違う盛り上がりを見せていました。

借りたのは小ホール、小ホールのロビー、展示ホールです。展示部門は、美術部、書道部、漫画文芸創作部で、小ホールのロビーでは茶道部がお点前を、小ホールの舞台では吹奏楽部、音楽部、ダンス部、軽音楽部、演劇部が発表を行うというプログラムです。特に、演劇部の発表では、シナリオの中で軽音楽部、ダンス部が出演する場面があり、吹奏楽部、音楽部も含め、五つの部がコラボレーションしたパフォーマンスを繰り広げました。これまでにない取り組みです。準備、練習、他部との調整等、本当に大変だったと思います。でもその分、生徒たちは十分な達成感を感じたことと思います。

ただ、初回ということもあり観客は少なかったです。関係者と地元の方々が多少来られましたが、本来のターゲットである中学生はほとんどいませんでした。塾に行っていたのでしょうか。生徒たちも、こんなに頑張っている自分たちをもっと見てほしいという気持ちを持ち、恥ずかしければSNSを通じてでも仲間や先輩、後輩、家族、親せきに伝えることができれば、もっと観客が増えるのではないかと思います。特に初回なので、ポスターの掲示やビラの配布だけではなかなか観に来てもらうことに結びつかないかもしれません。直接の働きかけがないと、人はなかなか行動しませんからね。それでも地域の方々が来てくださったのは嬉しかったです。

二〇一七年度は十月二十九日（日）に、さやま文化部フェスタが予定されていて、とても楽しみに見に行く約束をしていたのですが、台風到来のため出かけることができませんでした。

とても残念です。T先生が中心になって進めてくれていますが、これからも実施できることを期待しています。

（五）キャリア教育への取り組み

さやまカタリバの実現

同期のM校長から「カタリバ」というのがあって、とてもよかったよ、と紹介を受けました。早速、「カタリバ」のホームページを調べてみました。そこに書かれていたことは、まさに私が求めていたことでした。キャリア教育の一環として、「これだ」と直感的に思って、職員会議でも紹介しました。前年には、担当の教員とともに、キャリア教育の研修にも参加し、キャリア教育に対する意識が高かったこともあります。

一年後の二〇一四年十月には、狭山高校で「カタリバ」

高2生が体育館で取り組む「カタリバ」の様子

ンバーがやってきました。狭山高校に総勢五十名の大学生を中心とする関西カタリバのメンバーがやってきました。二年生が、総合的な学習の時間に「カタリバ」を取り入れたのです。

体育館の入り口を開くと、大学生のお兄さんたち、お姉さんたちが待ち受けていて、入ってきた生徒を十人グループにして輪を作っていきます。そこで、自己紹介やアイスブレーキングをして、紹介シートの中から話を聴きたい語り部の先輩を探します。十〜十五分ほどの話を聴いたら、感じたことを書き出し、これを二回繰り返します。

後半は、前半の語り部の話を参考にして「これからの自分について」「なりたい自分になるためには……」「なりたい自分になれたら……」「明日から始まる毎日……」について書き出し、最後には約束カードに、毎日何をしていくかを書くのです。その間、スタッフたちが生徒に寄り添い、考えを引き出してくれます。生徒たちも二時間の間、真剣に目を輝かせながら話を聴き、自分の将来を考えようとしていました。

教員でもなく親でもなく、年齢的には兄、姉の斜めの関係です。しかも他人でないとうまくいかないと思います。若い教員は増えましたが、やはり先生ですから、カタリバのお兄さん、お姉さんとは違います。ある時、卒業生に「カタリバ」の話をすると、「今度呼んでくださいよ」と、頼もしい返事が返ってきました。大学生になると成長するのだなあと思いました。卒業生チームで「カタリバ」をやってみるのもいいかもしれませんね。でも、かなりのトレーニングが必要です。カタリバのスタッフは、役割分担がしっかりできていて、チームで生徒たちに気づきを与えてくれます。今後も継続されることを望んでいます。

ビブリオバトルに挑戦

二〇一四年の十～十一月の「総合的学習」の時間とHRを使って、ビブリオバトル大会を繰り広げました。知的書評合戦と訳されるビブリオバトルは、各人が、自分が推薦する本を持ち寄り紹介します。その中から読みたくなった本を投票で選んでいきます。これを三回繰り返し、学年で四名が表彰されました。三分のプレゼンテーションでは、その本を読みたくなるかどうかは、発表能力だけでなく、熱い思いが伝わるかどうかです。論理的に相手を説得する力を養うとともに、自分自身が十分に深く鑑賞できていないといけない、ということで、狭山生を磨くのにふさわしい取り組みだと思いました。普段、あまり目立たない生徒も代表に選ばれたりし、さまざまな取り組みの中で多くの生徒が輝いてくれたらいいな、と思いました。

実は、生徒にやらせるだけでなく、教員もビブリオバトルに挑戦しました。ビブリオバトルの創設者の一人である吉野英知氏に講演を依頼しました。二〇一六年の夏の研修です。京都大学大学院時代に研究室で教授や仲間と始めたのがビブリオバトルの起源だそうです。現在は、仕事の傍ら普及活動をしているということでした。狭山高校ではその二年前からビブリオバトルに取り組んでおり、教員たちも概略理解はしていますが、実際に生徒たちにやらせるとなると、自らも体験し、やり方をきちんと学ぶ必要があります。大阪狭山市の小・中学校の先生方にも声をかけ、講演を聴いたのち、それぞれが持ち寄った本でビブリオバトルを実施しました。私も初体験でしたが、反省ばかりで思うようにはいきませんでした。何事も経験が大切です。やってみてよかったです。狭山高校の生徒の取り組みとしては、校風にとても合っていると思いますので、ビブリオバトル先進校になれるよう普及していきたいものだと思いました。

ビブリオバトルは、三十四期生が高二の時つまり二〇一四年度から取り組みましたが、二〇一五年十二月には一年生女子が大阪府のビブリオバトル大会に参加し、『兎の眼』という作品で敢闘賞を受賞しました。翌年の一月には三十五期生がビブリオバトル大会の予選を始めます。予選会が近くなった昼休みに図書館に行くと、二年生であふれています。「できるだけ薄い本はないですか?」などと聞いている生徒もおり、実態もよくわかりました。それでも熱心に取り組んでいる生徒も多くいるわけで、この挑戦はワクワクしました。一月十四日(木)のHRで原稿を作成し、十八日(月)の総合学習の時間に予選を行います。二十一日(木)のHRではクラスチャンピオン二名を決定、二十五日(月)の総合学習の時間で学年全体で八名に絞ります。大体クラスから一名代表が出ます。そして決勝大会はもちろん二月四日(木)

ＳＡＹＡＫＡホールの大ホールで行われる『未来の教育講座発表会』の中で実施するのです。

合唱大会と英語暗唱大会

学年によっては、学校行事に加え、独自の取り組みとして「合唱大会」や「英語暗唱大会」を行います。一年生で合唱大会を行います。それは、中学校で合唱大会を経験している生徒たちが、やってみたい、という意向を受けてのことだと思います。二〇一四年一月二十三日に三十四期生が合唱大会を行いましたが、狭山高校がＳＡＹＡＫＡホールで合唱大会を行うのは、初めてのことです。十二月末から練習を始めた合唱も一週間前まではちょっと不安でしたが、たった一週間で急成長して、各クラスとも課題曲と自由曲を歌い切りました。よくぞここまで、という感じでしたね。課題曲は「大地讃頌」、自由曲は一組から「未来予想図Ⅱ」「逢いたい」「ひこうき雲」「奏」「ありがとう」「Winding Road」「Sign」「ハナミズキ」でした。どのような曲を好むのかがよくわかりますね。そのメッセージは伝えられたのでしょうか？　男子の力強い低音と女子の透き通るような高音のハーモニーが奏でられ、胸に響いた瞬間も多々ありました。教員も生徒に負けず、一つになって合唱しました。「Country Roads」と「栄光の架橋」です。生徒たちはとても喜んでくれました。

ちょうど三年後の三十七期生が合唱大会に取り組みました。ハーモニーの美しさを心地よく感じた時、思わず感激の涙が出ました。約二か月にわたり、早朝、昼休み、終礼時の時間を利用し熟成してきた成果です。課題曲は「サッカーによせて」（作詞：谷川俊太郎）でした。心を一つにして努力したクラス、その指揮者が情感豊かに上手にリードしたクラス、仲間の声を聴きながら美しいハーモニーを奏でようと努力したクラス、皆が一様ににこやかに歌っていたクラスが、やはり聴く者を感動させたと思います。

高校生活が充実するかどうかは、どれくらい感動できるかにかかっていると思います。でも、その感動を得るためには、汗を流し涙を流し、努力が必要ですね。一年生からクラス活動としてこのような取り組みを行うことができ、次年度の文化祭や修学旅行の取り組みが楽しみです。これからの学校生活、男女協力して様々なハーモニーを奏でてほしいと思います。

二〇一四年十一月二十七日には、本校で初めて「英語暗唱大会」を行いました。二年生が、春から英語の授業で暗唱に取り組み、夏休みの宿題として用いられた小冊子から各人トピックスを選び、授業で暗唱を繰り返し代表を選びます。二十七日（木）の「総合的な学習の時間」とHRの時間を活用して、クラス代表八名が競いました。十代の若者は、覚えるということにこれほど力を発揮できるものなんだと改めて感心しました。聴いている生徒たちも、夏休みの宿題にまじめに取り組んだ生徒ほど、人のスピーチを聴くことで力をつけたものと思います。

「現代はグローバル社会と言われるように、自分たちが外国に出かけなくても多くの外国

英語暗唱大会決勝戦出場者との集合写真

人が日本にやってきます。また、網の目のように張り巡らされたインターネットで、いつでも、どこでも、だれとでもつながる時代になりました。そういう中で、世界の共通言語である英語は、日常生活のツールとして必要不可欠です。好き嫌いは別として、そのツールを身につけておくことは、生きていくうえで必要なことなのです。」以上は、最後の挨拶で述べたことです、もちろん英語で。生徒の力で、司会進行、会場づくり、放送設備・機器等の準備を実施し、初めてのことなのに、とても充実していました。

「よのなか科」始動！

二〇一五年度から一年生は全員「受験サプリ」を始めることにしました。「受験サプリ」と言うと、現在は「スタディサプリ」と呼んでおり、CM等でおなじみの講義動画が有名ですが、この講義動画を用いての学習は、各生徒が独自に取り組むことにしています。二年生、三年生は希望者（百名以上）が取り組んでいます。

狭山高校では、キャリア教育の一環として、受験サプリの中にある藤原和博氏の「よのなか科」を始めました。その第一回目、第二回目を六月のHRの時間に行いました。R‐CAPという職業適性検査を事前に行い、その結果をもとに、一時間目は「よのなか科」の「職業について」概論を視聴し、ワークシートで考えを深めていきました。キーワードは、複線型キャリアでした。二時間目は「職業の関連図を作ろう」という講義を視聴し、仕事の広がりをイメージしながら、ワークシートに書き込んでいきました。実は、私も一年生と一緒にやってみました。

何事も一年生からの積み重ね、生き方や職業選択に対する継続した思考が、極めて大事だと考えています。藤原先生の最後の決め台詞である「君ならできる！」は、各生徒の胸に響くものになっていくと信じています。

十一月には、「よのなか科」の一環として、二回にわたり一年生が「プロフェッショナル仕事の流儀（ＮＨＫ）」のＤＶＤを鑑賞しました。一回目は、約十回分のダイジェスト版を観て、各人が次回観るものを選択しました。五十五名が選択した一番人気は、「まず動け、未来はその先にある」というプログラマーのドキュメンタリーでした。コンピュータで操作するドローンが人とコラボしてダンスする姿は、とても印象的でした。パン職人、デザイナー、栄養管理士、ＩＴ技術者、ウイルス学者、心臓外科医、自動車エンジニア、ガーデンデザイナー、日本料理人、と職業はバラエティーに富んでいます。生徒たちは自分が最も興味を持った職業を選択しているので、熱心に観入っていました。

NHKの「プロフェッショナル　仕事の流儀」は、私の大好きな番組の一つです。プロジェクトXの時代から観ていました。今は成功者であっても、挫折の日々を経験し、あきらめずに一つのことに打ち込んできた人々の生きざまであり、軌跡です。一歩踏み出すことで明日が見えるという爽快感があります。一年生が自分の将来と重ね合わせ、夢を持つと同時に発想と努力の大切さを感じ取ってくれればいいなと思いました。

未来の教育講座発表会

狭山高校としては、PTAのご理解ご協力を得て、SAYAKAホールの大ホールを借り切っての一大イベント「未来の教育講座発表会」を二〇一六年二月四日（木）に次のとおり実施しました。

第一部：教育実践家藤原和博氏による教育講演「夢を実現する方法～キミも天才になれる！～」、第二部：ビブリオバトル・ファイナル（二年生代表）、第三部：ディベートに挑戦（一年生代表 vs PTA代表）、百人一首入選者披露、審査発表・

未来の教育講座発表会の観客席の様子

未来の教育講座発表会でのディベート親子対決の場で行われた、制服ファッションショー

藤原和博先生の講演の様子

講評・表彰という流れでした。中学校にも声をかけ、出場者の母校の校長には電話しました。地元大阪狭山市教育委員会後援ということで、同窓会長でもある古川市長自ら来てくださいました。大阪府からは教育委員会、教育センター所長を始め、高校の校長、先生、職員の方々が来てくださり、来賓は総勢三十名を越えました。

第一部の藤原先生の講演では、①時代の要請で、頭の柔かさが必要になる、②稼げる大人になるためにレアカードを多く持つ、③人生観は複線型にすべき、というような話をされました。藤原流アクティブ・ラーニングを交えての歯切れ・テンポのよい講演は、生徒たちにも新鮮だったと思います。

第二部のビブリオバトルは、卒業間近の三年生が二年生の時に取り組み始めましたが、この年も年明け早々から二年生全員参加で熱いバトルを繰り広げ、勝ち上がった八名が決勝戦を戦うというものでした。優勝は、本が大好きだと伝わってくる橋本さんで、有川浩の『塩の街』です。自衛隊三部作の一つでもあるので、ぜひ読みたいと思い、即三部作すべてを読みました。みんながどんな本を読んでいるのだろうと各クラスの初戦から見に行きましたが、読んでみたい本がいっぱいありました。仲間の話に真剣に耳を傾ける姿がとても印象的でした。選ばれなくて悔しい思いをした生徒も多いと思いますが、一般のビブリオバトル大会に挑戦していってほしいと思います。二〇一五年度から始まった大阪府教育委員会主催の大会に継続して参加し、狭山生は入賞を続けています。この取り組みが狭山高校の伝統になってくれればいいなと思っています。

第三部のディベートですが、ディベートを生徒同士が行う学校はあると思いますが、親子対決はとても珍しいということです。前の週の日曜日の最終打ち合わせには私も参加しましたが、保護者が、「今回のディベートではとても勉強になりました」と、とても前向きに取り組んでいただけたことに敬意を表します。今回のテーマは、職員会議でも何回もテーマとして取り上げてきた「狭山高校における制服改訂、是か非か」でしたので、聴いている生徒たちの関心も極めて高かったです。生徒代表を務めてくれた生徒会役員を中心に、学校内で大いに議論を深めていってほしいと思います。生徒側（肯定側）の最終弁論の後、さまざまな制服を着た生徒モデル（三年生）が登場するというサプライズの時には、生徒たちの歓声と拍手が沸き起こりました。生徒、保護者、教員すべてが共通認識を持てるよい取り組みになったと思います。

また、某大学で実施している短歌のコンテストにおいて、四万件を超える応募総数の中から百首を選ぶ取り組みで、狭山高校の生徒二名が選ばれました。一人は、野球部で身体を壊した時の葛藤を謳い、もう一人は書道部での作品作りにかけた情熱を謳っていました。行事の中で紹介できてよかったです。

藤原先生が、最後まで観て下さり、講評をいただきました。ビブリオバトルについては、「本に対する思い入れの強さや経験に基づく話は説得力がある」と言ってくださいました。ディベートについては、「身近で関心の高いテーマでもあることから、意見がしっかり主張できている」と言ってくださいました。

何事にも一生懸命取り組む、狭山高校らしい行事となりました。狭山高校に着任して真剣に教育について考えてきましたが、狭山高校のような進学をめざす中堅校では、中学校時代はリーダーではなかったかもしれませんが、「やればできるんだ」という自信をつけて、さまざまなことに自分の意思で取り組んで行ける生徒を育てることが大事だと考えています。始業式で話したこの年の合言葉は、「You can do it!・キミならできる!」です。

生徒によるプレゼンテーション

一年目の始業式、終業式は、体育館が耐震工事で使えないため、ＩＣＴを活用して各教室で行いましたが、二学期の終業式からは体育館で行うことができました。校長の話の後、部活動関係を中心とする各種表彰状授与を行います。その後、各分掌長、特に生徒指導部長の説教を始め、諸連絡が行われます。

全校生徒が集まるこの貴重な時間を有効に使いたいと思い、生徒によるプレゼンテーションを行うようにしました。一番最初は、冬休みにフロリダにテニス留学した男女二名の生徒による成果報告でした。一部の生徒が経験した滅多にないことを全校生徒で共有したいと思ったからです。その後は、出前授業に行った生徒のプレゼンテーション、海外の姉妹校を訪問した時の経験談、きらめき未来塾の感想、インターハイ出場の成果報告等、さまざまな発表をしてもらいました。舞台に立ち、全校生徒にプレゼンすることも大事な経験になりますが、聴く方も、自分が経験していないことを追体験し、「自分も何かで頑張ろう」という気持ちになってくれたらいいなと思いました。

式の前には、校歌の練習を行うのですが、首席の発案で、各クラブが順番に舞台に立ち先導をするという方式に変わりました。大きな声で歌ってほしいものです。

校長からの宿題

夏休みを控えた一学期の終業式に、時々校長からの宿題を出していました。例えば、「将来の夢について百個のリストを作ること。やってみたいこと、行ってみたいところ、欲しいもの、会ってみたい人、何でもいいから百個を挙げてみましょう。そして百個のリストをグループ分けして、それぞれの価値観を考えてみましょう」、「あなたは十年後には何をやっていますか？また、何をやっていたいですか？」、「あなたは二十五歳になったとき、どんな人になっていますか？」また、「災害時のために、何をリュックに詰めておきますか？リストを作ること」等です。将来のことをいつも念頭において、アンテナを張り続けてほしいからです。この作業を行えば、きっと将来自分が進むべき道が見えてくるのではないかと思います。

提出した生徒には、必ず返事を書くということを約束しました。一、〇〇〇人も生徒がいると、朝、下足室のところで生徒たちに挨拶している校長のところにリスト表や作文を提出しに来る生徒が毎回二〜三人はいるものです。提出した生徒たちには、約束どおり手紙を書くことにしています。その手紙は封をせずに担任の先生に渡し、本人の提出したものと私の手紙を見てもらった後に封をして、生徒に渡してもらっていました。成長の一過程なので、本人は忘れてしまうのでしょうが、校長の宿題を通じて生徒と対話ができたのは事実です。

私自身も百個のリストを作成しました。付箋で色分けし、お気に入りのノートに貼り付けました。何日か経つうちに百個を超え、百二十個以上のリストになりました。今でも増え続けています。いくつになってもやりたいことがいっぱいあるからです。一年に一度振り返るのですが、すでに実現したものもあります。娘に、「お母さん、実現したことあるじゃん。桂文枝さんに会えたでしょう？」と言われ、「かなうものだなあ」と思いました。
「十年後何をやっているか」については、私の所信についても話しました。「さすがにもう校長はやってないと思います。次の人生に向けて勉強をするため、大学か大学院に行っていると思います。ひょっとしたら皆さんの後輩になるかもしれないので、よろしくネ！」と話しました。生徒たちはどんな風に感じたでしょうね？　約束は果たしたいと思っています。

夢をかなえるゾウ

二〇一五年の夏休みに入る前、図書館から五冊の本を借りましたが、その一冊が『夢をかなえるゾウ』でした。前年、二年生がビブリオバトルを行いましたが、その時この本を紹介している生徒がいて気になっていた一冊です。ガネーシャという関西弁でしゃべるインドのゾウの神様が主人公のもとに現れ、さまざまな課題を与え、仕事で成功を収めるよう導く物語です。世界の著名人がすべて自分の弟子であるという語り口がとても面白いです。

次々と出される課題は、当たり前のことから改めて考えさせられる課題まであり、全体として前向きに生きること、主体的に生きることにつながり、キャリア教育になっていると思いました。ガネーシャの課題は、次のとおりです。1　靴を磨く　2　コンビニでお釣りを募金する（寄付する）　3　食事を腹八分におさえる　4　人がほしがっているものを先取りする　5　会った人を笑わせる　6 トイレ掃除をする　7 まっすぐ帰宅する　8 その日頑張れた自分をほめる　9 一日何かをやめてみる　10 決めたことを続けるための環境をつくる　11 毎朝、全身を見て身なりを整える　12 自分が一番得意なことを人に聞く　13 自分の苦手なことを人に聞く　14 夢を楽しく想像する　15 運が良いと口に出して言う　16 ただでもらう　17 明日の準備をする　18 身近にいる一番大切な人を喜ばせる　19 誰か一人のいいところを見つけてほめる　20 人の長所を盗む　21 求人情報誌を見る　22 お参りに行く　23 人気店に入り、人気の理由を観察する　24 プレゼントをして驚かせる　25 やらずに後悔していることを今日から始める　26 サービスとして夢を語る　27 人の成功をサポートする　28 応募する　29 毎日、感謝する　そして、課題をクリアして成功を収めた主人公は、ガネーシャの弟子として語られるのです。

二〇一六年の文化行事では、『夢をかなえるゾウ』の演劇でした。劇の方は「青春ロボット編」でストーリーは異なりますが、話の進め方は同じです。今回は、お供え物が「あんみつ」ではなく「いなり寿司」でした。主人公の高校生のもとにこのガネーシャが現れ、様々な課題を与え、夢をあきらめず、なぜそれをやりたいかに気づかせるという物語です。次々と出される課題、例えば①運が良いと口に出して言う、②サービスとして夢を語る、③毎日感謝する、等ですが、前向きで主体的な生き方につながるキャリア教育になっています。生徒たちは、演劇としての鑑賞と共にこれからの自分の生き方について考えてくれたのではないかと思います。私の方は、『夢をかなえるゾウ』のシリーズ本をすべて読んでしまい、ガネーシャ・ロスに陥ってしまいました。

読書活動の推進

二〇一五年四月に赴任してきたS教頭は、前所属が中央図書館勤務でした。読書活動にはまさに適任で、校内だけでなく地域も含め、読書活動の推進に努めてくれました。

二〇一五年の十一月と十二月の二回にわたり、「アニマシオン」という聞きなれない活動を地域ぐるみで行いました。アニマシオンとは、スペインのジャーナリストであるモンセラ・サルト氏が考案した「グループ参加型の読書指導メソッド」です。七十五の作戦によって、子どもたちに読書の楽しさを伝え、子どもたちが生まれながらに持つ「読む力」を効果的に引き出します。本を読む行為そのものを遊びに変えることで、深く読む習慣、読解力、コミュニケーション能力を養い、自分の考えで読み解き伝えることのできる主体的な読み手を育てる試みです。

講師を招き、二回にわたりアニマシオン体験講座を行いました。狭山高校の教員だけでなく、大阪狭山市の中学校・小学校、市立図書館等広く呼びかけ、延べ五十名の方々に参加していただき体験しました。私は二回目しか参加できませんでしたが、見ず知らずの方と同じチームになり問題を解決していくのが楽しかったです。第一の作戦は、「詩を正しく並べ替えることで、推理力・論理力を鍛える」ということで、バラバラにした『ぐりとぐら』の絵と詩を並べ替えました。第二の作戦は、「決まり言葉という日本語の特質に気づかせる」ということで、「動物早口あいうえお」の穴埋め作戦はかなり難しいものでした。第三の作戦は、「オノマトペという日本語の豊かさを楽しむ」ということで、阪田寛夫さんの詩を用いて話し合いました。事前に読んできた『エルマーの冒険』をもとに地図にプロットしたり、本を深く読み直すことを行いました。どれもグループで話し合うので、コミュニケーション力、人の意見に耳を傾ける傾聴力がつくと思います。

二〇一六年七月に、「POPの作り方」という講座も開きました。その時私は、POPがPoint of Purchaseの略であることを初めて知りました。十三日（水）の放課後、大阪狭山市図書館の職員四名が来校され、図書委員に対するPOP講習を実施してくださいました。POPはもちろん品物のアピールに用いられています。図書館では、新刊書の案内やイベントの案内などに使われています。狙いとしては、表現力が向上したり、展示する意欲が増したり、図書館全体の活性化につながります。要素として大切なのは、わかりやすく親しみやすい「表現」、見やすくきれいな「美観」、相手の立場になる「マインド」等が挙げられていました。必須条件として書かなくてはならないのは、当然のことながら「本のタイトル」、「作家名」、「出版社」ということです。最後にキャッチコピーのポイントは、①ターゲットを明確に、②生活感、季節感があふれるもの、③否定語でなく肯定語で、④ポイントを明確に、というアドバイスをいただきました。早速図書委員たちは、図書館の本の中からＰＯＰ作りをする本を選び、作業を始めていました。夏休み明けには、図書館や廊下がさらにカラフルで楽しい雰囲気になりました。

出前授業で育つ

ＪＩＣＡのセミナーで学んだ一年生の二名に、三学期の始業式でセミナーの様子や所見について発表してもらいました。一年生なのに堂々としていました。何事も体験するということは強みになります。彼らは、学んできたことを地域の小学生に伝えたい、出前授業に行きたい、と意欲をのぞかせました。

そして生徒たちの意欲は現実のものとなりました。二〇一四年三月、一年生五名が、試験休みを利用して大阪狭山市西小学校の六年生三クラスに対し、出前授業を行いました。テーマは、「貿易ゲーム」といい、小学生バージョンに作り替えてのトライです。六つの班に与えられた用紙（資源）とハサミや定規等の道具（技術力）を用いて、どれぐらいの価値（国益）を生み出すかというゲームです。各班に配分されたもの（資源、技術力等の国力の一部）には元々差がつけられているため、アイデア、交渉力、連携等の国を繁栄させるのに必要な要素

（国民の力）が求められます。小学生ならではの発想もあり、多くの外貨を稼ぐためにどのような作戦をとったか、また、強みも弱みもよく分析できていました。高校生も柔軟な小学生に気づかされた点があるのではないかと思います。

また、翌年の三月には、「世界がもし百人の村だったら」というテーマで、二年生四名が出前授業に出かけました。一時限目は、世界の人口について説明し、所得の不公平について考えます。二時限目は、文字が読めないことの不便さについて考え、アクションプランを作成するというものです。いつまでに、何を、どうするかということをグループで考え、自分たちができることを発表するというものです。大人にとっても難しい問題を、小学生たちは彼らなりに考えたと思いますし、生徒たちはその授業を行うことで、学ぶことも多かったと思います。

二〇一六年の三学期には、中学校に出前授業をする計画を立てました。二月になると、三年生は数回の登校日を除いて、受験準備のため授業がなくなります。リクエストのある中学校への三年生による出前授業を計画し、年末までに進路が決定している生徒十名を選抜しました。テーマは「三年後の私」です。主として、中三生に三年後の自分を想像してもらい、高校生活三年間を充実させるために、どのように考え、どのように取り組めばよいのかを、経験に基づき語る、という試みです。いくつもの中学校がこの取り組みを評価してくれましたが、二月から三月はどこも忙しく、とうとう日程が合う学校は見つかりませんでした。とても残念でした。

しかし、卒業し学生になった彼らがバージョンアップして戻ってきました。翌年の九月に、英語の授業の一環として、卒業生の体験談を二年生が聴くという交流授業をK先生が企画しました。前年に出前授業に行く予定だった面々です。現在、それぞれ大阪府立大、関西外語大、関西学院大、同志社大で学んでいますが、「勉強の仕方、能動的勉強」「大学生活のリアル」「入試に向けて」「大学の選び方と大学生活」というタイトルでそれぞれ十五分ほど話してくれました。全員に共通していることは、明確な目標を持ち、その目標を達成するために何をするべきかを分析し、プロセスを積み重ねて努力を怠らなかった、というところです。高二生も質問ができて、実感がわいたと思います。卒業生も人前でプレゼンテーションをすることで、さらに達成感を得られると思います。卒業前より一段と立派になった彼らに会えて、とても嬉しかったです。

幼稚園、ぽっぽえんとの交流

家庭科のM先生の発案で近隣の二つの幼稚園（半田幼稚園、西幼稚園）と大阪狭山市の子育て支援センターの「ぽっぽえん」との交流を行っています。三年生の選択授業で、「家庭」「体育」を選択している生徒たちが中心となっています。

ぽっぽえんとは、年二回交流します。春には妊婦さんだったのに、秋には赤ちゃんを連れて来られたり、這い這いしていなかったのに今度は這い這いしているとか、抱っこしたら赤ちゃ

半田幼稚園で団子づくりをしているところ

ぽっぽえんとの交流の様子

んが大泣きしてしまった男子生徒とか、驚きと感激の連続のようです。幼い子を慈しむ気持ちが深まるのではないでしょうか。ある時、数年前に奥さんが娘を出産したI先生が招待され、子育て奮闘ぶりを披露してくれました。疲れて帰っても入浴その他の育児をこなすというイクメンぶりに、私自身も「時代は変わったな」と感心しました。男性、女性を問わず、生きていくための力を身につけ、持てる力を出し切って、大いに協力して生活していかなくてはなりませんね。

幼稚園は、春にこちらから生徒が二グループに分かれて訪問します。毎年、二か所を自転車で回るのは結構大変です。ある年、西幼稚園では、いいお天気なので、「自由遊びの時間」ということで、鉄棒、ブランコ、雲梯等各遊具を使って遊びました。半田幼稚園では、団体競技というか、玉入れやリレーを一緒に楽しみました。園児たちは、団子づくりや砂山づくりという泥遊びもありました。園児たちは、大きいお姉さん、お兄さんたちと遊ぶのを心待ちにしている様子でした。生徒たちは、園児と同じ目線になるよう、しゃがんでお話を聴いていましたね。お互いに貴重な経験だと思います。

高校へは、体育大会と秋のミニ遠足に交互に招待しています。体育大会では、お遊戯を披露してくれたり、一緒に体操ダンスをしたりします。秋には、体育館や運動場で一緒に遊びます。そして、みんなでお弁当を食べてから帰ります。特に、体育大会には園児のお母さんたちが大勢来られて、写真やビデオを撮られます。ある年、夕方のラジオ番組で、「今日孫が近隣の高校の体育大会で一緒に踊らせてもらって、歓んでいました」というコメントをされた方がいました。その時踊ったのは、「キッチン体操」です。

高三生は、園児の楽しそうな様子を見て、自分たちの存在意義を悟ります。自分が努力したことで、みんなが喜んでくれるという体験を積み重ねることにより、成長していくものだと思います。すべての生徒が様々な機会に、自分の存在感を感じる経験をしてほしいものですね。

聴覚障がい者との交流

「聴覚障がい」を理解するための授業を二〇一四年から始めました。大阪狭山市のボランティア団体「手話サークル」の皆さまです。「家庭総合」を選択している三年生が計八時間ですが手話を習い、少し身につけたそれを交えて、誰もが知っている「ドラえもんの歌」を歌ってくれました。翌年は、「It's a small world（小さな世界）」を、満面の笑顔で歌ってくれました。そして次の年は、となりのトトロの「さんぽ」でした。生まれつき聞こえない方は、読唇術と手話をしっかり習いますが、途中から聴覚を失う方は、それらの技術を身につけコミュニケーションをとるのにかなり苦労があるそうです。

手話を使って歌っている様子

ある時、新今宮の駅で聴覚障がい者だと知らずに話しかけたことがあります。最初はしゃべれない、聞こえないとジェスチャーで示されましたが、どうしても伝えたいことがあったので、とても関心のあるはずの話をゆっくり話すと、一生懸命私の唇の動きを読み取ってくださり、何とかコミュニケーションは成立しました。学校に行くときは毎朝会う方なので、それからはニコッと微笑んで、手話で「おはようございます」と挨拶をしていました。

ゆめさやま展

二〇一三年九月十日（火）～二十二日（日）の間、狭山池博物館のギャラリーで、狭山高校生の美術、書道の作品が展示されました。展示会のネーミングは、生徒が「ゆめさやま展」と名付けました。毎年、近辺の高校が作品展を行っており、狭山高校は四年ぶりの出展です。美術の授業で制作したデッサン、水彩画、油絵、シルクスクリーン、イラスト、写真、絵本、書道の作品を合わせて六十点近くにのぼります。

大根、キャベツ、白菜のデッサン及び水彩画は、学校の薄暗い廊下での掲示とは打って変わって、ギャラリーのショーケースの中で生き生きとしています。どの作品も描いている生徒の顔が目に浮かびます。

独特のワールドを繰り広げている個展や絵本があり、立体絵本は展示されているページだけでなく、どんどんめくってみたくなるほど夢があります。中には、鉄道マニアの男子生徒たちが、懐かしい多くの列車の写真を紹介してくれたり、「ぼくたちの街」と称して模型まで作っています。書道も力作が披露され、多岐にわたる作品が展示されていました。うちわに書かれた文字も個性的でなかなかのものです。

狭山高校の生徒は、芸術系の教科も大いに楽しみ、才能を発揮する生徒も多くいます。これまでにいろいろな賞を取ってくれました。科学技術白書の裏表紙に採用された生徒、Google社のデザインで入賞した生徒がいます。カーデザイン賞に選ばれた生徒たちもいます。吹奏楽の個人賞にもよく選ばれます。書道は、全国大会に進む生徒も時々います。それらの作品はとても精緻で、根気がいるものばかりです。

「表現倶楽部うどぃ」との出会い

大阪狭山市には、「表現倶楽部うどぃ」（以下「うどぃ」と表記）という若者の居場所づくりを目的とした活動団体があります。『風の声が聞こえる』は、二〇一三年四月六日（土）、SAYAKAホールで上演された「うどぃ」の公演名です。内容は、大阪狭山市の中学生が修学旅行で沖縄を訪れ、太平洋戦争における沖縄戦についての学習を通じて平和と友情を考える、というものですが、「うどぃ」の誕生秘話でもあります。演劇の中に力強い歌あり舞踊あり、メンバーは力いっぱい演じ、本当に「一生懸命は格好いい！」という姿を見せてくれました。狭山高校の生徒も数名出演しており、重要な役割を演じてくれていました。学校だけでなく、このような活動を通じて成長してくれていたんだな、と思うと嬉しくなります。指導されている方々には、本当に頭が下がります。「うどぃ」の活動は、地域活動、ボランティア活動、地域を知る勉強会等仲間や地域の方々とのかかわりを重要視しています。その中から大阪狭山市への誇りや郷土愛が芽生えるのではないでしょうか。まだ二月だったと思いますが、「うどぃ」のメンバーの生徒から公演の案内をもらい、とても楽しみにしていました。ど真ん中の特等席を用意していただき、大阪狭山市教育長とともに感激の涙を流しました。「一生懸命は格好いい！」とてもさわやかでした。

翌年は、『ひとつ星の伝説』、二〇一六年は、狭山池築造一四〇〇年記念行事の一環として、また「うどぃ」十周年記念として、『久遠～いのちの堤となりて～』という公演を観ました。

「うどぃ」は中高生の居場所づくりと感動体験を提供する場として、市立公民館青少年セミナー事業として始められました。狭山高校の生徒は、二〇一六年三月に卒業した生徒を最後にメンバーがいなくなり、寂しい限りです。ぜひ、メンバーは狭山高校にも進学してほしいものです。うどぃは、地域におけるキャリア教育の場だと思います。長年うどぃの指導に携わってこられた田中さんには、学校協議会の委員をしていただいています。

政治的教養をはぐくむ教育

「未来の教育講座発表会」は、翌年も規模を縮小して実施されました。主権者教育として、大阪府では「政治的教養をはぐくむ教育」と称し、各学校毎に取り組んでいます。一年生が、「政治的教養をはぐくむ教育」の一環として「プレゼンテーション」を実施しました。もちろんビブリオバトル大会の決勝戦も行いました。

第一部の「プレゼンテーション」では、各クラスの予選を勝ち抜

プレゼンテーションでの表彰式の様子

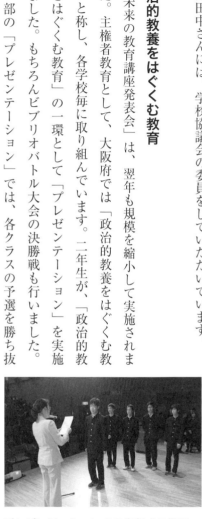

いた代表チームが、「若い世代の投票率を上げるためにできること」と題して、パワーポイントを駆使し、主張を繰り広げます。多くのアイデアが出ましたが、優勝チームのプレゼンでは、クラス全体の意見も反映し、年代別の対策や模擬選挙の実施等具体的な方策が述べられました。上位のチームは、スライドもわかりやすく、多くのデータを根拠にしていました。審査委員長に大阪狭山市の選挙管理委員長に来ていただき、講評もお願いしました。このプレゼンテーション大会は三十六期生が初めて取り組んだプログラムです。

その前年は、二年生が総合的学習の時間に、「二十代の若者は何故選挙に行かないのか？」をテーマに、グループワークを実施しました。リクルート社からコーディネーターをクラス分派遣してもらい、アドバイスを受けながら模造紙に意見をまとめ発表を行いコメントをもらいました。どのクラスにも共通して多かったのは、立候補者をネットで紹介し、投票もネットで行うというものです。また、棄権には罰金制の導入、投票には商品券等のプリペイドをというものでした。中には、将来を見越して、中学生からの意識づけに言及するものもありました。スウェーデンのように、若者たちの意見を積極的に取り入れ予算化し、具体的には各地域で若者が利用したいと思うスポーツ施設や遊戯場を整備する等の施策をすれば、若者たちも自らの意見が反映されることを実感し、政治に対し関心を持つようになり、意見を反映できる投票行動に結びつくのではないでしょうか。やはり、自らの意見が反映される社会をつくりたいものです。

サード・プレイスの重要性

いろいろと悩みを抱える中学生の頃でした。ある日、豊岡カトリック教会を訪ねてみたのです。聖堂に入り、祈り心を落ち着けていると、神父様が出てこられました。しかも外人の神父様です。どこのご出身か聞いてみると、ベルギー出身のベルブルゲ神父様とのこと。ドイツ語、フランス語？　英語は通じるの？　と頭をよぎりましたが、私はどれもまともにはできず、たどたどしかったですが、神父様は日本語で話され、ホッとしました。

いろいろお話ししているうちに、自分の悩み、親にも友人にもましてや先生になんか決して話せない悩みを、この人になら話せるかもしれないと思うようになりました。

京都から豊岡へは当時半日以上かかりましたから、頻繁には会えないので、お手紙を書くことにしました。ところが、何語で書けば通じるのだろう？　英・仏・独どれもややこしい話は書けません。神父様は日本語は話せても文字は書けません。ということで、思いついたのがローマ字です。日本語をローマ字に直して書くことにしたのです。これはなかなかのヒットで、意思疎通がうまくできたのを覚えています。

普段の生活とは離れている人、しかも外国人の聖職者だと思うと信頼でき、心おきなく何でも話せました。神父様も私を迷える子羊だと思って大切にしてくださったのでしょうね。多感な思春期に、家庭（ファーストプレイス）でも学校（セカンドプレイス）でもない、サードプレイスを持つことは、とても重要なことだと思います。若者たちが、自らの成長のため、また休憩場所としてもサードプレイスと出会い、その出会いを大切にすることを望みます。「求めよ、さらば与えられん」です。

〔六〕あきらめない心

ベスト16進出

「いいよ、いいよ！そのペース」マウンドで力投するピッチャーにスタンドから声援が投げかけられる。七月二十四日、大阪市住之江区の南港中央野球場。炎天下のグラウンドで、大阪府立狭山高校のナインが初のベスト八をかけて熱戦を繰り広げていた。応援団の中に、元海上自衛官の校長・竹本三保さん（五十七歳）の姿もあった。対戦相手は大阪桐蔭高校。昨年、藤浪晋太郎投手（現・阪神タイガース）らを擁して甲子園で春夏連覇した強豪校だ。

「いつも応援に来てくれて感謝しています。力になります」。応援団長で野球部三年生の竹田慎平君は、校長からの後押しに奮い立つ。スタンドに陣取る校長は、日傘を抱え、日よけ帽子と腕カバー、首には〝必勝〟のタオルを巻いて声援を送っている。自衛隊時代には塗らなかった日焼け止めクリームも欠かせない。「自衛隊なら（すべての装備を身につける）甲武装です」と笑顔を見せる。

試合は、大阪桐蔭が昨年全国覇者の実力を見せ、九対〇の七回コールドで狭山高校に勝利。ベスト八に駒を進めた（その後、大阪桐蔭は大会を制し、甲子園出場）。「大阪桐蔭との試合でもひるまず、明るく果敢に戦えたことを誇りに思います。まさに男子の本懐です」。竹本さんは選手をたたえ、応援団に感謝の意を表した。

応援歌を一緒に歌っているところ。かなり声をはり上げている

以上は、五回戦の試合が行われる日の午前中、取材を受けていた雑誌「WEDGE」の記者が、実は野球が好きだからと私についてきて、記事の冒頭に書いてくれたものです。「WEDGE」という雑誌は、キヨスクや新幹線のグリーン車におかれている七万部発行の月刊誌です。かくして、狭山高校は大阪府下よりも全国で有名になってしまいました。

狭山高校の野球部は創部以来、高校野球大会でベスト32がこれまでで最高でしたが、二〇一三年は初めてベスト16に進出しました。一回戦は私立高校に大差をつけ、二、三、四回戦は公立高校と戦いました。五回戦は私立の名門春夏連覇の大阪桐蔭高校です。シャープなバットの振り、素早い送球ともに歯が立ちません。実力の違いを見せつけられました。

ベスト16まで進めたのには、わけがあります。本校野球部は市立堺高校と第二回戦を延長十五回まで戦い抜きました。一進一退の試合にハラハラドキドキしながら延長戦が進んでいくうちに、いつの間にか狭山生は「こんなに粘り強くなったのだ」と感心しました。ベンチ入りした選手の二倍を超えるユニフォームの応援団が繰り広げる応援も見事でした。あまりの迫力に、朝日新聞のカメラマンが間近に寄ってきて、応援する生徒たちを激写していました。八回勝たなくてはならない大阪の高校球児にとって甲子園は遥か彼方かもしれませんが、一つ一つの試合が本番で真剣勝負です。市立堺高校との競り合う試合を通じて、生徒たちの心は鍛えられていったのだとつくづく思いました。

十代の生徒は波に乗ると普段以上の力を発揮します。五回戦まで勝ち進み、大阪桐蔭高校との試合でもひるまず、明るくそして果敢に戦えたことを誇りに思います。まさに、男子の本懐でしょう。嬉しかったのは、応援団の中に在校生だけでなく、ＰＴＡ会長をはじめ多くの保護者の皆さんが、また近々の卒業生を含む同窓生の顔が多く見られたこと、そして狭山高校周辺に住む地域の方々が大勢応援に駆けつけてくださったことです。応援合戦も熱いものがありました。

恋するフォーチュンクッキー

吹奏楽部は毎年三月末に、卒業したばかりの先輩も一緒に定期演奏会に参加します。マーチングは見るたびに上達していますし、新たにカラーガードも始めました。本当に吹奏楽部？と思うほど、歌ったり踊ったりが多くなり、耳だけではなく目も楽しませてくれます。二〇一四年のアンコール曲は、春の選抜高校野球大会の行進曲にもなった「恋するフォーチュンクッキー」です。スクリーンが用意され、演奏とともにダンスが上映されました。そのダンスというのは、学校全体に呼び掛け、教職員や生徒が教科や部活動単位で出演します。私もY教頭と一緒にハートマークを作りましたよ。

二〇一五年三月は、嵐の「GUTS」で踊りました。最後の年は、何と星野源の「恋」の振り付けで踊りました。ほんの少しではありますが、参画意識満載になりました。みんなでパズルを組んで一つの作品を作る感じで、とてもいい試みでした。ぜひ続けていってもらいたいですね。

二〇一六年の定期演奏会は、狭山池築造一四〇〇年記念行事の一環として行われました。市長も観に来てくださいました。この定期演奏会には、何回か友人を誘いましたが、生徒の一生懸命な姿に皆さん感激して下さり、青春の一コマなんだなあとつくづく思いました。

フロリダへテニス留学

二〇一二年十二月十三日（木）硬式テニス部の生徒二名（山下君、南口さんともに二年生）を連れて、中西教育長を表敬訪問しました。大阪公立高校の大会で二人とも優勝し、冬休みに米国フロリダ州にあるClub Med Academiesのジュニアキャンプに招待されることになったからです。

錦織圭選手が属しているIMGと同様のテニスアカデミーで、従来は私立高校の生徒が招待されていたのですが、公立高校から参加するのは初めての快挙です。

テニスには自信があっても、海外に初めて出かける二人です。このチャンスを生かして大きく成長してくれることを期待しました。川村教育監はじめ同席された方々から随分うらやましがられるとともに、「テニスだけでなく幅広く世界とつながってくるように」との激励を受けました。二人は顧問の影山教諭のもとで指導を受けていますが、今回の引率は三国丘高校の中川教諭が担当してくださいました。

そして三学期の始業式では、二人がフロリダ・テニス遠征の報告を行いました。日本はいかにちっぽけで、世界を常に意識しなくてはいけないかということを痛感したようです。また、日米のトレーニングに対する考え方が違うということで、休憩時のリラックスと練習時の集中力というように、練習と休憩のメリハリの重要性を強く感じたようです。さらに体幹を鍛える訓練が多く、米国の選手は食べる量もけた違いに多いことに驚いたようです。世界のアスリートと一緒に練習をし交流することで経験を積み一回り大きくなった二人は、以後狭山高校の新たなリーダーとして活躍してくれました。

その二年後、二年生の硬式テニス部員の川田君がClub Med Academiesのジュニアキャンプに参加しました。一週間とはいえ、錦織圭選手を育てたコーチに直に教わるのですから、モチベーションも上がります。川田君は二年前テニス留学した二人の姿を中三生の時に見ていて、自分も後に続こうと決意し、狭山高校に入学しました。そしてチャンスを得たのです。「熱い思い」「努力を惜しまない決意」「あきらめない心」があれば、念願はかなうものだと思います。川田君のことは、全校生徒の前で、「たった二年で夢を実現した男」として紹介しました。

フロリダのジュニアキャンプに参加した川田君（左）と、インターハイ、ハンマー投げで第2位になった池田君

円陣のパワー

ダンス部の伝統なのでしょうか。練習が終わった後や行事に参加した翌日とかに、よく見

かける光景があります。部員が車座になって円陣を組んで話し合いをしているのです。しかもミーティングとかではなく、かなり長い時間お互いに胸の内を告白しているような感じです。彼女たちは、一階の玄関近くでも練習をすることがあるので、この円陣の光景を見る機会がよくありました。

ダンス部員は明るく元気いっぱい、みんなの人気者です。でも、厳しい訓練や困難を乗り越えていくためには、すべてをさらけ出し、ぶつかり合い、お互いをよく知り、解決策を見出していくのでしょうね。ダンス部員はお互いに、人生の友ができたと言い、卒業後も仲良くしているようです。彼らを結び付けているのは、この円陣のパワーではないか、と私は思っています。

パワフルなダンス部は、地域の様々な団体から引っ張りだこです。毎年、十一月の第三土曜日に大阪狭山市南第一小学校の「ふれあい広場」に吹奏楽部と一緒に呼ばれています。また、二〇一六年からNPO「あったかファミリースクール」が主催する「街角オアシス・in大阪狭山」というイベントに呼ばれるようになりました。発表機会の少ない冬期に行われるイベントなので、生徒たちは大喜び。地域の方々との交流、コミュニケーションができ、ほめられ励まされ、成長につながったと思います。

ダンス部員は、毎年五月の母の日に感謝を込めて引退公演を行います。ダンスを通して苦楽を共にした仲間との絆、連綿と受け継がれていく伝統、数々のドラマを彷彿とさせる引退公演には圧倒されました。彼女たちはよく泣きますが、しっかりと踊ります。円陣パワーから来るものなのでしょうか。舞台で、感謝やお礼の言葉を述べながら泣く姿を見ていると、どうしてももらい泣きしてしまいますね。

投てき競技でインターハイに

二〇一五年六月十八日（木）の近畿大会で、陸上部ハンマー投げの池田真佐夫君が第四位に入賞しました。記録は五十七m四十三cmでなかなかのものです。実は近畿大会の数日前、池田君に「近畿大会と全国大会のどちらに応援に来てほしい？」と聞いたところ、一瞬考えて「全国大会にお願いします」と言い切りました。勝負事には、この心意気が必要です。有言実行の精神は大好きです。

私は約束通り、七月二十九日（水）に和歌山県紀三井寺競技場に行き、全国大会であるインターハイの男子ハンマー投げの応援を行いました。インターハイの陸上競技を生で見るのは生まれて初めてです。十時から始まった予選（第一組）で、一、二回目は記録がなくひやひやしましたが、三回目の投てきでようやく暫定の五十六mラインを超えました。五十七m七十八cmという自己ベストです。決勝戦は上位十二名で四時半から始まりました。決勝でも二回の失敗の後、三回目の投てきでようやく五十九m八十七cmの自己ベストを出し、四位に食い込みました。上位八位までの選手による四～六回目の記録で順位を競います。五回目に何と六十一m七十二cmを投げ、二位に入りました。やってくれました。さすがです。

その数日後、各競技の入賞者とともに、向井教育長を表敬訪問しました。

実は、インターハイに出場することが決まり、皆でTシャツに寄せ書きをしました。そこに私は「めざせ五十八m！」と書きましたが、今から思えば失礼な話でしたね。当時は、六十mだとプレッシャーになると思ってのことですが、見事プレッシャーをはねのけ、これまでの自己ベストを四m以上も更新しての快挙です。毎朝六時半からの早朝練習、コーチとの二人三脚でつかみ取った栄光です。「東京オリンピックだって夢ではないな」と希望は膨らむ一方です。ご両親も目を潤ませておられました。

池田君の快挙には一年先輩の柳澤さんの存在があります。二〇一四年六月二十日（金）近畿大会において、柳澤さんは女子槍投げで六位に入賞し、インターハイに出場が決まりました。このとき二年生の池田君はハンマー投げで残念ながら入賞を逃しました。しかし、この年山梨県で行われたインターハイに池田君も同行したのです。雰囲気を学ばせたいというコーチの配慮だと思います。柳澤さんは全国六十六名中十五位になりました。この結果は不断の努力以外の何物でもないと思います。学年を引っ張るリーダーでもありました。

私は陸上競技は素人ですが、同じ陸上競技でも、投げることは、自ら走ることと跳ぶこととは少し異なると思っています。ハンマー、円盤、槍というわばパートナーを自身から切り離さなくてはなりません。力を振り絞り、そのエネルギーを解き放つ際に、「運動エネルギーと熱い思い」をパートナーにゆだねなくてはなりません。そういう意味で、パートナーをどれだけ信頼できるか、自分の力と思いをすべて託せれるか、というところがカギなのではないかと思います。毎朝練習に励む生徒を見ていて、いつもそのように感じていました。柳澤さん、池田君はそれぞれ大学に進学し、現在も投てき競技を続けています。納得いくまで挑戦し続けてほしいものです。将来が楽しみです。

スキーでもインターハイへ

狭山高校にはスキー部はありませんでしたが、二〇一四年にスキー競技の経験も実績もある生徒が入学したため、高校体育連盟のスキー部に加盟しました。スキー部がある高校の選手たちが同志社大学（京田辺）の体育館でトレーニングを行う時、集合した大阪府立高校は、北野高校、茨木高校、池田高校と狭山高校でした。狭山高校にスキー選手の誕生です。藤井君は、スキーシーズン以外はサッカー部に入り足腰を鍛えています。

二〇一五年一月の大阪大会ではスラローム二位となり、インターハイ出場を果たしました。その後は、大阪でスラローム、大回転ともに一位となり、青森県、秋田県で行われたインターハイに出場し活躍しましたが、雪国の壁は厚く三十位が一つの目標となりました。大学進学後も限界まで挑戦してもらいたいものです。

インターハイでのおもてなし

全国高校総合体育大会二〇一五は、和歌山県が開催県ですが、各種目ごとに近畿二府四県が会場を提供し、運営を行いました。大阪府では、体操、バレーボール、ハンドボール、テニス、自転車、なぎなたの六種目を担当し、狭山高校はバレーボールとテニスに教員・生徒を役員・審判・補助員として参加させました。八月一日（土）は、テニスの開会式が大東市のサーティーホールで行われました。S先生を総務役員として派出しているおかげで、放送部員が司会を行い、コンピューター部がテニス競技の歩みをDVDにまとめました。このような形で生徒がかかわることができ、競技参加だけではなく、おもてなしの気持ちで参加するという新たなかかわり方を生徒たちは学ぶことができました。

開会式は整斉と行われました。優勝杯返還や選手宣誓もきびきびと洗練された動きで、見ていて気持ちよかったです。ウェルカム・スピーチを行った茨木高校の女子テニス部員は、挨拶を日本語と流暢な英語で行い、会場にはどよめきが起こりました。

後半のアトラクションでは、夕陽丘高校のオーケストラが合唱付きでウエストサイドストーリーを演奏し、梅花中学・高校のチア・リーディングチームが総勢百名で見事な演技を披露してくれました。総合司会を務めた狭山高校放送部の大西さんと川端君の晴れ姿を特等席で見ることができ、大変嬉しかったです。校長冥利に尽きますね。

体育会系演劇部の誕生

演劇部を強力に指導してくれる教員が転勤してきました。自ら能、狂言等を行い、若い頃から舞台経験も豊富な教員です。演劇部はこれまで生徒が中心となり、結構シュールな作品を手掛けてきました。ある時、演劇部の練習の様子を見に行くと、何と筋トレを含む体操をしているではありませんか。演劇部は文化部から体育会系に移行したのでしょうか？　何事も身体作りから、という考えには大いに賛成です。

演劇部の顧問から詩の朗読の発表会のお誘いを受けました。部員が春・夏・秋・冬の四チームに分かれ、競う形式で行われました。突然、審査員をやってくれということで、かなり真剣に取り組みました。題材は、谷川俊太郎の『みみをすます』です。各チームとも鳴り物や道具を使ったり、パントマイムを入れたりして工夫していました。すべてを暗唱し、太鼓で効果的にリズムをとっていた春チーム（春生まれのメンバー）が優勝しましたが、部員全員が言葉を大切にしているなと感じました。

また、別の機会に、模擬裁判劇を行うということで、私たち教員は裁判員として参加しました。テーマは、「介護疲れによる実母の殺害は承諾殺人か否か」です。部員は、被告人を挟み、検察側と弁護人側に分かれ、質問、証人尋問、論告、弁論を行います。それぞれの役を演じ切ることで、演劇の技能を身につけます。準備の段階では、検察側と弁護人側それぞれのチームでどのように論理を進めるか等話し合うことで、アクティブ・ラーニングになっていると思います。

このような取り組みができるようになったのは、部員がとても増えたこと、専門性を持つ教員が指導してくれていること等いろいろあると思いますが、今後の活躍が楽しみです。

一歩踏み出す勇気

本校生徒たち発案の熊本地震募金活動で、何と六十五万円も義捐金が集まったということで、朝日新聞が取材してくれました。三年生有志と生徒会が行った募金活動では、狭山池まつりで約十万円、校内で約五万円、泉ヶ丘駅・金剛駅・河内長野駅で約十四万円、合計二十九万円を超えました。吹奏楽部が大阪狭山市内のスーパーで演奏をしつつ行った募金活動では、三十五万円を超えました。

生徒たちと地域の方々の善意が形に表れてよかったと思います。「改めて道行く人々が優しいと感じた」「やりたいことを心の中で止めず、周囲に伝えてよかった」という生徒の感想が掲載され、一歩前に踏み出す勇気の大切さを、生徒たちが感じてくれたらいいなと思いました。

そして、一歩踏み出す勇気の成果が出ました。一年生から生徒会活動を行い二年生で生徒会長を務めてくれた吹本君と、三年生になって熊本地震募金活動のリーダーとなり前期生徒会長を務めてくれた礒本君が、そろって地方の国立大学に合格しました。二人とも信念をもってみんなの一歩前を歩んでくれました。この一歩踏み出す勇気が、突破力を養成してくれたのだと思います。

地方国公立大学の魅力

私が着任した年、国公立大学の合格者は多かったのですが、中でも和歌山大学七名というのは、快挙でした。その翌年も和歌山大学に七名合格しました。大阪府南部の学校からはこういうねらい目があるのだな、と感心したものです。

大阪府はなまじっか通学圏内に多くの大学があるために、生徒の多くは、というか保護者の多くは自宅から通うことを考えます。しかし、国公立となると難関ですから私立大学を狙うこととなり、授業料を含め負担は大きくなります。

少し目先を地方に向けてみると、それぞれの地域に貢献している国公立大学が目に飛び込んできます。地方国公立大学の利点としては、①学生数に対する教員数の比率が高いので、丁寧な指導を受けることができる。②一人で生活するので、自活能力がつく。③学費が安い。④関西に戻って就職できる確率が高い。等が挙げられます。特に、生徒にとっては、親からの自立のチャンスですね。長い人生の中で、まさに脱皮する時だと思います。二〇一六年十月には、元大阪府立高校の校長で公立鳥取環境大学の広報担当者に来ていただき、「地方国公立大学の魅力」について説明していただきました。

〔七〕生徒との対話

下足室での見守り

毎朝八時前には学校に到着します。メールや書類をチェックした後、下足室に行って、生徒たちと朝の挨拶をします。狭山高校には正門、東門、西門と三つも門がありますので、生徒が集合する下足室で待つのが一番いいのです。約十～十五分間くらいの短い間ですが、百～二百名は通過していきます。

いつも様子を見ていると、ちょっと元気のない日や友達と楽しそうに話している日もあり、クラスでは見えない顔も見ることができます。カップルを見つけることもできます。時々、「おはよう」以外に部活や行事のこと、三年生には勉強のこと等の声をかけることもあります。気になる行動を見つけると、すぐに写真で名前を確認し、その後も見守り続けます。そして、担任の先生とも情報を共有します。

生徒の名前を覚えること

生徒の名前は極力覚えようと努力しました。朝の下足室周辺、部活動の発表会や活動の状況視察、体育大会・文化祭・修学旅行等の学校行事の場で、授業観察の時に教室で。特に、体操服を着ている時は、胸元に名前が刺しゅうされているので、一番覚えやすいですね。

それでも卒業式の日に、一人ずつ呼名され起立する生徒の顔を見て、あまり覚えのない生徒がいるのは事実です。九割くらいは顔はわかりますが、名前と顔が確実に一致するのは、約三分の一でしょう。

五年間で一度だけ、名前を呼んだ時、「校長先生はなぜ私の名前を知っているんですか?」といって怒った生徒がいました。でも大半の生徒は、自分の名前を校長先生は呼んでくれた、と認識し、ちょっと嬉しく思ってくれる生徒がほとんどだと思います。名前を覚えることは、信頼関係構築の第一歩だと思います。

生徒を無邪気に遊ばせたい

着任して間もない頃、学校の近くにある西除川《にしよけ》にかかる橋の下で生徒の声がしました。橋にカバンが置いてあったので、落とし物でもしたのかなと思い、声をかけながら覗いてみました。すると、一年生男子のR君とその仲間三名が遊んでいるではありませんか。聞いてみると、魚がいるとか。私は、小学校時代を思い出し、無邪気に遊ぶ姿をしばらく見守りました。しかし、出張に間に合わなくなるので、「怪我に気をつけなさいよ」と言い残して、その場を去りました。

翌朝、K教頭から、こっぴどく叱られました。「小学生じゃあるまいし……何かあったらどうするのですか！」と。学年主任からも注意されました。私が去ったあと橋を通りかかったU先生が、川から上がるよう指示してくれたそうです。学校に赴任して間もなくの頃、生徒たちが無邪気に遊ぶ姿を見ているのは心地よいものでした。小学生時代に終わらせておかないといけない遊びかもしれませんが、伸び伸びとさせてやりたいな、という思いは今でもあります。

生徒たちとの懇談

生徒会役員選挙の数日後には、新旧役員を放課後校長室に呼びます。お菓子とお茶を用意し、懇談をします。学校の代表を務めてくれる生徒たちです。みな一過言を持っており、生徒観を養うのにとても有効です。私自身、高校時代に生徒会長兼執行部長を務めた経験があるので、その苦労も醍醐味もわかっているだけに、ぜひ生徒会役員たちを応援したいと思っていました。

三年生が年明けの一月に短縮授業になったときに、生徒との懇談を行います。どの生徒を選ぶかは学年によりまちまちですが、高三生との懇談は多くの思い出話を聞くことができる楽しいひと時です。お昼時なので、教員からお菓子ではなくおにぎりを要求され、懐はかなり痛みますが、卒業を間近に控えた生徒たちの意見は貴重です。文化祭の思い出はクラス劇を行う高三が一番だと思っていましたが、中には高一の時の文化祭と答えた生徒がおり、理由を尋ねると、その年にクラスで賞をとったそうです。やはり成功体験が一番記憶に残るのだということが分かりました。

校長室に掲示している日本を大陸側から見た南北逆さの地図を見て、ある生徒が、「校長先生は、さすが元海上自衛官やなあ」と、わかったようなことを言っていましたが、関心を示してくれるだけでも嬉しかったですね。

終礼直後の出会い

終礼直後の三時半頃に、出張に出かけることがたまにあります。この時間は、結構ゴールデンタイムです。何故かというと、帰宅部の生徒が、脱兎のごとく学校から下校するからです。

普段、なかなか帰宅部の生徒と話す機会がないので、こんな機会に声をかけてみるのもいいものです。

ある時、「クラブはないの？」と声をかけると、胸を張って「帰宅部で〜す」という生徒たちがいました。私はすかさず、「『狭山元気っこクラブ』に行ってみない？　放課後、小学生の遊びの相手をするのだけど、どう？」と言うと、即「やってみたい」と返事が返ってきたこともあります。特に一年生の中には、クラブに入り損ねた生徒たちもいます。ボランティアのやりがいについて話すと、目を輝かせます。みんな、一生懸命打ち込めるものを探しているのです。すべての生徒が放課後を有意義に過ごせるように、いい出会いがあればいいなと思います。

放課後と土日と夏休み

校長になったら、生徒たちとクラブ活動を一緒にやったり……、という楽しそうなことを考えていましたが、幻想にすぎませんでした。なかなかそのような時間は取ることができないくらい、出張や業務がありました。少し時間があるなと感じられたのは、一学期と夏休みのお盆までくらいです。

校長は身体が一つしかありませんが、生徒たちの活躍の場に何とか足を運ぶと、とても生徒たちの励みになると思います。校長とは、そういう存在なのです。

そこで、放課後や土日には部活動を見て回ったりして激励をする時間を努めて作っていました。校長も年数が経つと、顧問の先生や生徒たちが、練習を見に来てくださいと声をかけたりしてくれました。一緒にプレーをしてみたのは、硬式テニス・ソフトテニス・バドミントン・卓球等です。ソフトボールや野球のバッティング、サッカー、水泳の練習等をやってみたかったのですが、とうとうチャンスはなかったです。文化部では、茶道部が毎年初釜に呼んでくれました。退職の前日にも誘ってくれ、印象深いものになりました。

夏休みは、公式戦で勝ち上がったチームの応援に行くのですが、インターハイは陸上部、近畿大会は男子バレーボール部の試合の応援に行きました。野球の予選大会は勝てば校歌が歌えるので、必ず行きました。文化部の発表会や展示会にはほとんど顔を出したと思います。

部活動の集合写真（2015年）。それぞれがユニフォームで大集合

校長室のソファーで将来を語る

懲戒を申し渡すとき、私は必ず二つのことを話しました。一つは、「何故そういうことをしたのか」を掘り起こし、私自身が納得するまで聴き取りをしました。もう一つは、「今つまりまだ高校生のうちに起こったことでよかったね。もし大人になってからだと警察に行くことになるからね。自分を見つめなおして反省したら、新しい自分に生まれ変われるチャンスだからね。卒業するまでの間、ずっと見守らせてもらいます。今度、ゆっくり話をしよう」です。

ということで、解除を申し渡してから二週間から一か月くらいの間に、特に気になる生徒に対しては、担任を通して本人を校長室に呼んでいました。普段教員も滅多に座らないソファーに座らせて、リラックスムードの中での懇談です。反省した後の考えをまず聴くのですが、私が話を聴く中心は、これからのことですね。将来何をやりたいのか、どんな学校生活を送りたいのか。未来に目を向けさせることの方が大事かな、と思います。

いくつか印象的な事例について紹介します。乗ってはいけないバイクに乗り、同乗者の友人を失い、本人も瀕死の重傷を負ったI君ですが、若いだけにとても回復が早かったです。一生かけて友達の弔いをする覚悟と、生命を生かして世の中で頑張らなくては、という話をしました。I君は浪人はしたものの、狭山高校では珍しく東京の慶應義塾大学に入学しました。

とても真似ができないようなＩＣＴを駆使したカンニングをした生徒たちがいます。こんな複雑なことをするくらいなら覚えた方が早いんじゃないの、と私たちは思いますが、その生徒にとっては、自分の秀でた能力で何かをしたい、点も取りたい、ということなのでしょう。「見つけてもらってよかった」と、K君は私に言いましたが、みんな苦しんでいるのですね。ICTや情報セキュリティーに関心があるのなら、と米国のNSA（National Security Agency：国家安全保障局）での経験談を話してみました。興味を持ったようでしたので、自衛隊にもそういうセクションがあるよ、と言ってみました。私としては、筋のいい人間を鍛えてホワイトハッカーに仕立てて、情報セキュリティー部門に送り込みたいと考えているからです。その話は振られましたが、その後はまじめに学校生活を送り、様々な活動に取り組み、みんなが憧れる大学にも入りました。ところが、二年生になってK君のお母さんから、相談を受けたのです。「大学は卒業した方がいいのでしょうか？」K君はIT関係で起業しようとしているらしく、起業したら大学を退学したいと言っているようでした。私は、「将来何があるかわからないので、大学は出ておいた方がいいのではないか。二年間なら休学も認められると思いますよ」と無難なアドバイスをしたら、お母さんは安心されていましたが、おそらくK君は起業の道を突っ走っていると思います。思い立ったが吉日、ということもありますからね。

校長室で会えず、少年鑑別所でしか会えなかった生徒もいます。不登校なりの複雑な家庭の事情もあるわけですが、たまたま警察に検挙されて、少年鑑別所に出向くことになりました。初対面ながら、じっくり話せたと思います。まだ未成年で親の庇護が必要な年齢ですが、その親とうまくいかないのは辛いものです。教員だけに任せず、最初からもっと深く関わればよかったのかな、とも思っています。面談後、手紙を書いたら、一回手紙が来ました。校長に手紙を書くのは勇気がいったことでしょう。別の学校で成長してくれたらいいなと思います。成人したら、お酒を酌み交わしながら、その後の人生と将来について聴いてみたいと思っています。

校長室で話した生徒の中には警察官になった生徒、自衛官になった生徒もいます。みんな立派に成長してくれています。

指定校推薦の生徒たちへの話

指定校推薦を希望する生徒がとても多いです。早くに行き先を決めることができるからです。毎回、進路指導部で狭山高校の生徒にふさわしい指定校を選定し、提示しています。

指定校推薦を受けることになった生徒たちには、毎年次の三つについて話しています。

一　学校のためにすべきこと

指定校推薦は、先輩の努力があって、大学等との信頼関係に基づき成り立つ制度であり、学校代表としての責任は重く、覚悟を決めてもらう必要があること。

二　自分のためにすべきこと

年内に進学が決まると、卒業までの間、学校の勉強以外に進学のための準備期間ができます。大学から出された課題だけでなく、何をするべきか各自で考え、どん欲にチャレンジしてほしいということ。

三　仲間のためにすること

センター入試を経て国公立大学、私立大学を受験する大半の生徒は、受験を通じて大きく成長し一皮むけるものですが、不安と緊張の中最後まで頑張る仲間を応援してもらいたい。そのための配慮をお願いしたい。

という話をしてきました。

年数を重ねるごとに、さまざまな情報が入ります。ある生徒が指定校推薦で関関同立の一つに決まりました。勉強のできるまじめな生徒でしたが、何と入学時から補習を受ける羽目になったというのです。切羽詰まっていない指定校推薦の生徒よりも最後まで学力を伸ばし続ける一般受験生の方が、入学時の学力があるということだそうです。この話をすると、みんな驚きますが、自らを引き締めるのはとても難しいことですね。

卒業式でのこと

卒業式では、「生徒は皆エンジェルになる」と、先生方は異口同音に言います。初めての卒

卒業式の後、PTA代表の方々から花束を受け取っているところ（2013年）

2012年度卒業式。厳粛な雰囲気のもと行われる

業式で、「卒業生代表は何を言うのかな?」と思ったら、校長のことを少し話してくれました。「新しい校長先生のおかげで、さまざまな経験ができました」何のことかな? と思うのですが、〝南極の氷〟〝オリンピックの金メダル〟というような本物を見せたことなのかな? と勝手に思いました。

翌年の卒業生は、「校長先生は、私たちの名前を覚えてくださいました」と言ってくれました。確かに覚える努力はしましたが、全員を覚えることはできません。三分の一くらいの生徒は何らかのかかわりを持つことができ、覚えたかな、と思います。

卒業式にメッセージとして必ず伝えていることがいくつかありました。一つは、〝ミッション〟の話です。私は、「人間は、生まれたからには、その人がやるべき何かが必ずあるはず」だと、考えています。これを〝ミッション〟と呼びます。卒業生も、「これから社会で生きていく上での自分の〝ミッション〟は何なのか」を常に考え、人生のゆるぎない目標を見つけてほしいと思います。

今一つは、サミュエル・ウルマンという一九世紀アメリカ詩人の「青春」という詩の紹介です。長い詩なのでその一部を紹介しています。「青春とは、人生のある期間を言うのではなく、心の様相を言うのだ。年を重ねるだけで、人は老いない。理想を失う時に、初めて老いが来る」。卒業生は、今まさに「青春」の真っ只中にいますが、十年後、あるいは三十年後にも、心の持ちよう次第で「青春」と言えるのです。大いに理想を追い求め続けて、常に「青春」を謳歌してほしいと願っています。

この二つは、常に話していました。私の信条に当たる部分ですから。

命の大切さ

二〇一四年四月十四日（月）の朝、登校するなり、教頭から「生徒が亡くなりました」という報告を受けました。前夜、バイクに同乗の上の交通事故です。運転していたのも生徒で重傷です。

ネット社会では情報が錯綜しますから、情報の一元化と共有は重要であると考え、当日授業終了後急きょ全校集会を開き、生徒たちに「一人の生徒がバイク事故で亡くなった」という事実を伝えるとともに、「もうこれ以上生徒を失いたくない」という話をしました。

十五日（火）にはS君の通夜が行われ、生徒多数を含む約七百名が参列し、夜遅くまでお別れが続きました。S君とは朝、下足室で何回か言葉を交わしたことがあり、それだけに「なぜ

S君が」という気持ちになりました。十六日（水）の告別式では、お母様が棺にすがって号泣され、その姿を見た生徒たちは、心の底から「親を悲しませるようなことをしてはいけない」と肝に銘じたものと思います。全校生徒にも「命の大切さ」を胸に刻んでほしいと思います。もうこれ以上、絶対に生徒を失いたくありません。

各担任教諭から、「バイクの免許を取らない」「バイクを買わない」「バイクに乗らない」「バイクに乗せない」というルールとともに、「親不孝にならないよう、親より先に死なないという親子の順番を守るのだ」という命の大切さを一人ひとりに伝えられたと思います。そして、亡くなった生徒には、仲間とともに狭山高校を卒業してもらいたいと思いました。

その後、S君のお母様とは節目節目で連絡を取りながら、三月の卒業式には、遺影をもって参加していただきました。卒業の歌には、S君が好んでいた曲、Bump of Chicken の「花の名」を選びみんなで歌うという、優しい学年でした。

卒業生との再会

〈卒業生の訪問〉

在学中に、一緒に活動したり、いろいろ話したことのある生徒は、卒業後も校長室を訪ねてきてくれます。「彼女ができました、見てください」と言って、スマホの写真を見せてくれたので、「高校時代の彼女は？」と聞くと、「？？振られました」とか。大学生活が始まると、また別の世界が始まるみたいですね。

ある女子生徒が卒業後、何回もメールしてきて、相談があるというものですから、深刻な話かと私も勝手に想像をめぐらしてしまいました。韓国スタディーツアーに一緒に行き、大の韓国ファンの彼女なので、ひょっとして、「韓国の男性と結婚することになったから、親を説得してください」とかいう話かな？　などと想像していました。実際は、「韓国に留学することになりました」という報告でした。私の想像力もすごいですね。

大学三年生になった卒業生が、就職活動で用いるエントリーシートを持ってきて、「上手く書けないので、チェックしてもらえませんか？」との依頼。私に何を期待しているのかな？と思いましたが、いくつかのアドバイスをしました。学校の様子を説明して、カタリバに取り組んだことや実際にビブリオバトルの予選の様子を見てもらいました。彼は経験のないことなので、取り組みにとても興味を示してくれました。将来、テレビ局等のメディア業界で働きたいという希望を持っていたので、ぜひ将来、狭山高校を取材してくれるように頼みました。期待の星です。

文化祭には多くの卒業生が来てくれるようになりました。献血への協力を頼んだこともあり、快く引き受けてくれました。二月末頃から浪人生が「合格しました」と報告に来てくれたり、卒業生が大学の春休みを利用して、近況報告にちょくちょく顔を出してくれます。狭山高校が心の故郷になっているとすれば、これほど嬉しいことはありませんね。
思わぬ出会いもありました。ある本を探して、金剛駅前の書店に入りました。店員さんに問い合わせると、「竹本先生ですか？」と声をかけられ、「何故、わかるの？」と聞くと、「三十三期生です。」と言われ、卒業生なのに気づかなかったのに恥じ入りました。早速翌日アルバムでチェックしました。全員を覚えるのは難しいです。でも、声をかけてくれたのがとても嬉しかったです。本の方は、五軒目に行った大きな書店でようやく見つけました。

〈久しぶりの同窓会〉

二〇一四年三月、狭山高校の同窓会が三年ぶりに開催されました。二十九期、三十期、一年前に卒業した三十一期生が中心の同窓会です。先生方を含め三百名近く集まりました。私がこの教育現場に足を踏み入れた時の最初の三年生である三十一期生が半数以上を占めており、一年ぶりの再会にとても懐かしさを覚えました。
中には、「校長先生、困ったことがあったら僕に言ってな、力になるから」などと頼もしいことを言ってくれる卒業生や、「他の高校には、頭では負けても心では負けへんかった」と、嬉しいことを言ってくれる卒業生もいました。みんなに、狭山高校を卒業してよかったか？と聞いたところ、異口同音によかったと答えてくれました。もっとも同窓会は、狭山高校が好きで、苦楽を共にした仲間に会いたい卒業生が集まる場ではありましたが……。

懐かしい思い出話に花が咲き、ざわざわとした雰囲気の中でスピーチすることの難しさを、久しぶりに体験しました。私は来賓の立場であり、卒業生はもはや狭山高校の生徒ではないわけですから、「静かに！」というわけにもいかないのですよねえ。

〈初めての成人式〉

二〇一五年の一月、初めて大阪狭山市の成人式に参加しました。校長として初めての卒業生（三十一期生）が成人を迎えるので、懐かしい教え子たちに会いたいと思ったからです。少し早めにホールに到着し、数名の卒業生に会いました。みんな晴れ着に身を包み、きれいに輝いていました。

大阪狭山市には三つの中学校があり、各中学校区で座席も決まっているので、まるで中学校の同窓会をやっている感じでした。第三中学校の代表として、狭山高校の卒業生である皆川さんが新成人の言葉を述べました。また、中学校の先生方からのビデオ祝辞が披露されましたが、その撮影・編集を担当したのも狭山高校を卒業したばかりの平田さんを中心とする三十二期生でした。卒業後も地元で活躍してくれているのが嬉しいですね。成人式を機に、各人の夢に向かって大きく羽ばたいてほしいものです。

その後、三十二期生、三十三期生の成人式にも行くことができました。現職のうちは、大阪狭山市から来賓として招待状がいただけるからです。卒業生が成人になり始めてから毎年、成人式はとても楽しみでした。名前を呼んで、「おめでとう！」と声をかけると、最初はびっくりしますが、たいてい思い出してくれるので、校長冥利に尽きますね。そして翌日には、担任の先生に、○○君、○○さんは元気でしたよ、と報告するのが楽しみでした。

生徒のいい話

〈小さな善意〉

十月に入ると、赤い羽根募金運動が始まります。大阪狭山市の社会福祉協議会の方からお電話をいただきました。金剛駅前で募金活動をしていると、狭山生男子三人組が手伝ってくれました。「ありがとう」とお礼を言うと、「僕たちもいい経験ができました。ありがとうございました」と述べたとのことです。私は、生徒たちが、自分たちの経験の一つとして前向きにその活動を手伝ってくれて、そのことを表現できたことに感激しました。

〈受験の応援団〉

三年生のあるクラスで、推薦等で進路が決定している生徒たちが、年明けに本格的な受験をする生徒たちを励ます集いをしました。男子生徒がダンスを披露したり、女子生徒が手作りのお守りをプレゼントしたり、心のこもった応援でした。しっかりグローカル・ルームを使ってくれていました。

〈嬉しい光景〉

期末考査が終わり、午前中で授業は終わりますが、午後は各講習が実施されています。ある教室を覗くと、生徒が黒板に向かって数式を書いて解説しているではありませんか。聴いている生徒は一人です。「何をしているの？」と尋ねたら、「数学を教える代わりに、国語と英語を教えてもらっています」との答え。なるほど、生徒同士で教え合いをしているんだ、と嬉しくなりました。「仲間を増やして大いに教え合いをしてね。教えることが一番力がつくからね」と言い残してその場を去りましたが、自習室で勉強するだけでなく、こんな光景もいいですね。狭山生もやるもんだなととても嬉しく思いました。

〈思わぬ電話〉

近所の方からのお電話があり、苦情ではなくいい話でした。自転車で転び怪我をされ血まみれになっているお年寄りを、狭山高校の男子生徒三人組が助けているところを目撃した方が、感激されお電話をして来られました。詳しい状況はわかりませんでしたが、生徒たちが褒められるのは嬉しい限りです。

〈嬉しい知らせ〉

日曜日、部活動の帰りの出来事でしょうか。道に迷っているご婦人を駅までエスコートした生徒に感激して、お電話をいただきました。バスの停留所を間違え困っているところに、生徒が声をかけ、荷物を持ち金剛駅までエスコートしたそうです。そのあと別の方向に行ったので、わざわざ駅まで連れてきてくれたと感謝の言葉をいただきました。狭山生らしい振る舞いをとても誇りに感じました。

第四章　さやまの挑戦

〔一〕人権教育へのアプローチ

いじめ、暴力そして体罰

〈これは立派ないじめですよ〉

一年生の男子生徒たちが、廊下でふざけているのだと思っていました。テレビの下の棚に入り込んだり、荷物を運ぶ台車に乗って運ばれたり、ちょっと幼稚ですが、男子生徒の他愛ない遊びなのだと思っていました。

すると、ある時、いじめが生起しているという報告がありました。ふざけていると思っていた男子生徒のうち数名が、その行為を嫌がっており、いじめられていると言うのです。生徒指導部長のY先生から、「不快感を感じたら立派ないじめですよ」と言われ、私の中で、〝いじめ〟という概念がしっかり出来上がったのを覚えています。悪ふざけもいじめの温床になりうる、ということを肝に銘じました。

ちょうどその前年の十月に大津市でいじめを受けた中学二年男子生徒が自殺した問題で、市教育委員会が検証した報告書を公表し、日本中で大きな波紋を呼んでいました。教育委員会は、遺族や生徒の個人情報保護を理由に、議事録が残る定例会での質疑を控えたことを誤りと認めました。市の第三者調査委員会は、情報の共有がされず、事務局も学校もチェックされなかったと指摘しました。

その後もいじめによる生徒の自殺は相次ぎ、救える命を失い続けました。最近の事例では、福井県の中学二年男子生徒の事例です。教員が原因ですから、いじめ及び体罰ということになるのでしょうか。言語道断です。生徒に寄り添えていない典型的な事案だと思います。すべての責任は校長にあると思います。小規模校であれば、生徒一人ひとりを校長自ら見守り把握することができたはずです。とても残念です。

このような大惨事にならずとも、嫌な思い、辛い思いをしている生徒は全国に山ほどいるはずです。教育現場では、その兆候を見逃さない繊細なシステムを作る必要があります。生徒理解に関する教員の資質向上は喫緊の課題です。校長は、責任者としてその陣頭指揮を執る責務があると思います。何事も結果がすべてですから。

〈〝愛のムチ〟はないのですね?〉

学校に着任した当初、私は〝愛のムチ〟は存在すると思っていました。今から思えば時代錯誤も甚だしいのですが、教育の世界では、〝愛のムチ〟はとっくになくなっていました。〝愛のムチ〟はないの？　と私が言うと、教員たちに笑われました。

ちょうどその年の十二月に、大阪市立桜宮高校バスケットボール部の二年男子生徒が自殺した事案が生起し、顧問の体罰が原因とされ、日本中が震撼しました。これは、愛のムチどころではないですね。教育的配慮がどこにも見当たらないからです。この場合も、校長に外部から体罰の通報があったにもかかわらず行動を起こさなかったことで、救える命が救えませんでした。最後の砦はとても大切なのに。

この事案から、ますます〝愛のムチ〟どころか、身体に触れることも語気荒く注意することも、教員はかなり気を遣うようになりました。学校によっては、「手を出せないだろう」と、生徒の方から挑発してくる場合もあります。ますます古き良き時代の心が通う教育の機会を失うことになってしまいました。

〈正直な教師がいる学校〉

いじめに関する調査が全校一斉に行われた時、教員の一人が利き手ではないものの生徒の頬を平手打ちにしたことがあると回答しました。嘘をついたら大変なことになると、私が脅しすぎたこともあるかもしれません。正直に答えてくれたわけです。その状況をよく聴いてみると、たたかれた生徒は今はない〝愛のムチ〟と感じており、先生のことは心から尊敬しているのです。熱い師弟愛が築かれているのです。現象は確かに平手打ちなので、ルールに従い細部にわたり報告書を書き、提出しました。すると、一件でも報告が上がってきた学校には、畳みかけるように再調査が行われました。いわばあぶり出しのような調査です。全校生徒に対するアンケート調査を実施すると、問題のある教員が浮かび上がってきました。アンケートに回答した生徒一人ひとりから事情聴取を行うことになりました。この件はともかく、正直な教師がいる学校だからこそ、全貌を明らかにすることができました。職員会議でも、「本校は、正直な教員がいる学校です」ということで、顛末を説明をしました。

私に、人権を語らせるのですか?

二〇一四年十月三十日(木)、生徒に対して人権講話を行いました。その前年、人権教育委員長から「校長、来年度人権講話を行っていただけますか?」「?・?　人権とは縁遠い自衛隊出身の私に、人権を語らせるのですか?」と思わず聞き返しました。そうしたら、「男女平等のテーマで話をしてほしいのですが、人権教育委員会のメンバーの総意で、『任務完了』を読んだ上でのオファーです」ということなので、徹底した男女不平等時代を生き抜いた自衛隊の話も反面教師になるかもしれないと考え、承諾しました。三年任期の三年目に当たるので、校長にしゃべらそう、経費もかからないし、という魂胆もあったようですが、大阪では校長に依頼するというケースは滅多にないということでした。

『男女平等を考える』というテーマで話しました。まず、小・中・高・大学時代をずっと女子校で過ごした経験。その中でなぜ海上自衛隊をめざしたか。男性社会である自衛隊での数々の不当な扱いの中でいかに生き残りをかけて闘ってきたか。例えば、今でいうセクハラ、パワハラ、マタハラとの闘い、「女は乗せない戦艦《いくさぶね》」との闘い……。そのような経験を重ねていくうちに、自分が部隊のトップとなり、後輩を守り、後輩の進むべき道を開拓しなくてはいけないという使命感を持ったこと。一方、女性であることがうまく活かせた配置も経験したこと等、写真を含めイメージ化を図りました。伝えたかったことをまとめると、次のとおりです。

一　いかなる組織も意欲のある人間（男女問わず）の道を閉ざしてはならないこと

二　人権としては生まれながらに男女平等でも、女性を活用するという観点からは、多くの職域で「男女区別平等論」の概念の方が適するのではないか。男女は持てる能力をお互いに補完するべきであること

三　国策として女性活躍推進法案等で女性管理職三十％等の目標が掲げられ、女性活躍の場が拡大しつつあり、逆差別にならないよう配慮しつつ、一気に実施していかないと達成は難

しいと考えること

四　労働人口の減少に伴い、出産後離職する女性の割合を減らすために、保育所の増設等の施策が急務である。また、雇用主の意識、男性の意識、日本におけるワーク・ライフ・バランスの考え方の変容が求められること

五　三、四項を実現するためには、社会においても家庭においても「男女共同参画」の意識が徹底されなければならないこと

六　女性の意識として、権利を主張するならば様々な困難も同時に享受しなくてはならないという「Equal Rights Equal Risks」の考え方が必要であること

あれもこれも話したいという思いが膨らみ過ぎ、時間の関係でカットせざるを得なかった内容もありますが、今後生徒たちが「男女平等を考える」きっかけになればと考え話しました。後で生徒のアンケート結果をまとめてくれましたが、一、〇〇〇名近くいれば様々な観点からの所見が出てきます。人それぞれ感じるところ、考えることは違うので、いろいろな話をしてよかったのだと思いました。

生徒の目が輝く時、教員が衝撃を受ける時

〈本物のパフォーマンスと生き方〉

二〇一五年十月には、世界一の大道芸パフォーマーの「ちゃんへん.」さんの講演会をSAYAKAホールで視聴しました。ちゃんへん.さんは、京都府宇治市ウトロ地区で生まれた在日三世です。祖国がいまだ分断され、帰ることができない在日朝鮮人の方です。小学校時代からいじめを受けていましたが、中学生時代にジャグリングと出会い、努力すれば一番になることができると、米国に渡ることを決意します。母親が、いじめている生徒と校長の前で、「素敵な夢を持っている人間は、いじめなんてしない」と啖呵を切るところは、とても痛快で、印象的でした。

講演前の四十五分にわたる音楽に乗せたパフォーマンスは、どれも素晴らしいものでしたが、特に一番得意なディアボロで世界一というだけあって、目を見張るものがありました。八年かけてもまだ完成していない技も披露してくださいました。「一番になり追われる立場ではあるけれども、いまだなお追うものがある」という言葉は響きましたね。コンプレックスを武器にした生き方、まさに差別をバネに人生を切り開く生き方に感動しました。

〈学校開き〉

二〇一三年十一月に、人権に関する校長研修が計画されていたのですが、予定されていた講師が急に来られなくなり、ピンチ・ヒッターで柴島《くにじま》高校の山崎校長先生が話されました。私は大阪に来るまで、柴島を〝くにじま〟とは読めませんでした。大阪にも時々読み方の難しい地名があります。

柴島高校では、新入生を迎える四月に「学校開き」という行事を行うそうです。生徒会が企画する全校集会で、三年生と二年生の代表の生徒が新入生に対し、自分の生い立ちや悩みを吐露するのです。自分は同和地区の出身であるとか、両親は離婚して母親はフィリピンに帰ってしまったとか、親から虐待を受けてきたとか……、普通は言いたくないことを語るわけです。そして、その数日後に一年生のＨＲ合宿が行われ、宿泊の夜には各クラスで自らを語り合う時間を持つのです。入学して間もない時期で、まだお互いに深く付き合っていないにもかかわらず、各人が本音で自らを語ることに、生徒自身も驚くと言います。さまざまな問題を抱え、自分だけではコントロールできない気持ちを仲間に打ち明けることで、お互いに認め合い支え合っていくという素晴らしい取り組みだと思いました。

〈人間やめますか？　ドラッグやめますか？〉

府立高校ＰＴＡ協議会は、総会とともに人権啓発研修を実施します。最も衝撃を受けたのが、覚せい剤等ドラッグの更生施設である「びわこダルク」施設長猪瀬建夫氏の実体験に基づく生々しい講話でした。「人間やめますか？　ドラッグやめますか？」という世界を生きてきて、今も「明日が来れば、今日一日」という生き方を続けておられます。「一度破壊された脳細胞は戻らないけれど、心があるから人に戻れる」という信念をもって、自分も施設に来る人たちも今日を生きるための修行をしているという本音トークでした。ドラッグが入り込むすきを与えない環境と生き方が必要だと思います。経験者の語りには、とても説得力がありました。

〈ピア・メディエーション〉

夏休みに実施する教員の人権研修で、「ピア・メディエーション入門」という活動を行いました。講師は、茨田《まった》高校のピア・メディエーション担当の池田径（上から読んでも下から読んでもイケダケイ）先生に来ていただきました。「ピア・メディエーション」とは、Peer（仲間・同僚）とMediation（調停）から成り立っています。生徒同士によるもめごとの調停、という意味になるようです。同じ生徒の第三者が介入し人間関係が回復するやり方は、理想的ですね。茨田高校では、十年ほど前からこの取り組みを始めて、絶大な効果が発揮されているそうです。研修では、理論を聴くだけでなく授業内容の再現として、にこいちバスケットやネーム・チェーン、バースデー・チェーン等、また傾聴の効果を知る活動等を経験して、より実践的なプログラムを紹介していただきました。自己肯定感を高めて、自他を尊重し、コミュニケーション能力を高めることが、すべての基本であると思いました。狭山高校の教員にとって、とても意味のある人権研修となりました。

合理的配慮の実践

二〇一五年十二月、河内長野市在住の中学二年生で筋ジストロフィーのH君が、両親とともに学校見学に来られました。土曜日の午後でしたので、教頭とともに対応しました。じっくりお話しし、施設も見ていただきました。狭山高校には、エレベーターがついています。お兄ちゃんが高一生です。H君の学力はかなり高いようでした。

四校ほど府立高校を見て回るということでしたが、私は直感的に、この生徒はうちに来るだろうな、と思いました。そして一年後、H君が通う西中学校校長から、おそらく受験するだろうという内々のお話をいただきました。

私は、このH君にかかわることが、狭山高校での最後の大仕事になるだろうなと覚悟しました。まずは入学者選抜ですが、学力のある生徒なので、入学することを前提に、私がいるうちにできるだけの準備をしようと思いました。手順としては本来は合格してからですが、それからではすべてが後手になり手遅れになります。校長自らが教育委員会、中学校等と調整を水面下で始めることにしました。

一月に入ると、新一年生の学年主任や教務部長とともに中学校に授業見学に行き、授業の様子を見るとともに、校長、担任、介助員の方々と懇談をし、イメージを作りました。定期考査の様子も見に行き、お母さんとも懇談しました。筋ジストロフィー専門の刀根山支援学校や地元大阪狭山市教育委員会にも介助員等の件で、相談しました。

二月に入ると、府教育委員会に状況を話し、水面下で要望事項等の説明に行きました。合理的配慮全般、講師の加配、施設の改修、介助員等については高等学校課生徒指導部に、養護教諭に関しては保健体育課に、入試関連では高等学校課学事グループにそれぞれ調整しました。その後は、介助員をいかにして探すか、ということで、今から振り返るとわからないまま片端から当たっていったという感じです。

まず大学に電話しました。桃山学院、大阪府立大学、大阪大谷大学、関西福祉大学です。大学では、四月になって生徒の動きが決まらないと、ボランティアとして派遣するのは難しい旨の返答が多かったです。大阪大谷大学の小田浩伸先生から私のメールに対しご丁寧にお電話をいただき、びっくりしました。府立大学は、元校長からお電話をいただき励まされました。

次は、支援学校の退職者で適当な方がいないか聞こうと、藤井寺、泉北、富田林、羽曳野、西浦、堺各支援学校の校長先生にお電話しました。

また、近隣の経験校に話を聞こうと、金剛高校、成美高校、松原高校、金岡高校、三国丘高校に電話し、どのように介助していたかを聞きました。卒業生や家族のネットワークがあったり、地域ボランティアに依頼したり、学生ボランティアや非常勤講師等様々に対応していました。

また、大阪狭山市ボランティアセンターに依頼しましたが、生活介助は少ないということでした。

二月の中旬に、大阪狭山市の社会福祉協議会に電話してみたら、聴いたことのある声でした。実は、社会福祉協議会とボランティアセンターは同じところにあるということを初めて知りました。電話番号は異なるのですが、同じ人が勤務していました。

大阪府の人材バンクを調べると、何と卒業生が西成高校に介助員として支援に行っていました。委員会の支援教育課にもこれまでの状況を話し、いろいろ学校運営に関するアドバイスをもらいました。

大阪狭山市のシルバー人材センターにも問い合わせてみました。暗中模索の毎日でしたが、状況を確認するため、学校に社会福祉協議会の担当の方が来てくださいました。少しは脈があるのかな、という気がしました。どこかにすがりたい気持ちでしたね。

保健体育課からは、養護教員は一名だけど、加配〇・五名を検討する旨の連絡が入りました。和田教育監に相談したことが、功を奏したのでしょうか。少しずつ動き始めてきた感じがしました。

筋ジストロフィー協会大阪支部の会長とお話しし、経験談というかご苦労話も聞きました。

何も知らなかった私ですが、電話をかけまくっているうちに、何となく全体像が見えてきた感じがしました。これらの悪戦苦闘については、校内でも教員たちに状況を話しました。全力を尽くしてもどうにもならなかったら、最後は教員の力を借りなくてはならないからです。

三月に入り、入学者選抜関連で、委員会と中学校との調整も頻繁に行い、出願そして選抜の日を迎え、H君は元気に試験に臨んでくれました。教室も試験時間も解答方法もすべて異なる中、多くの教員が合理的配慮の大変さを経験してくれたと思います。試験補助員の先生が、H君に漢字の誤りを指摘されるシーンは、将来を暗示していたかもしれませんね。よく解答できていたようです。合格発表の数日前に、社会福祉協議会から介助員さんが見つかった旨の連絡を受けました。合格発表後に、「正式に募集をかけて下さい」ということで何とか軌道に乗り始めました。

採点が終了した三月十三日には、刀根山支援学校に学年団の教員とともに研修に行きました。刀根山支援学校は、刀根山病院に隣接する筋ジストロフィー及び筋疾患の患者専門の支援学校です。現在、十名の生徒がおり、それぞれの症状は様々ですが、すべてに細かい介助が必要です。

手洗い等の衛生面にも神経が行き届いていました。通常の授業、昼食の時間等を見せていただき、トイレ介助の説明を受けました。時間割の中に身体伸ばし（ストレッチ）の時間が組み込まれているのが特徴的でした。週に一回、足湯の時間もあります。昼休みには、生徒が考案したグランドホッケーを体育館でみんなで楽しんでおり、一人ひとりが自分専用のマイスティックを持っていました。教材の用い方でも様々なアイデアを教えてもらいました。教科書の背表紙を切断し、リングで止める方法です。なるほど、ページがめくりやすくなります。

支援学校にはスロープが整備されており車いすで確実に移動できますが、狭山高校にはエレベータがあるものの、災害時には背負ったりする必要があり、ケースバイケースでどのような支援をするのか細部を検討していく必要があります。

本人、ご家族がどのような支援を望むのか、また、私たちがどこまで支援できるのか、合格後の調整を密に行わなければなりません。狭山高校教職員全員、「チームさやま」が試される時でもあります。

合格発表後、H君とお母さん、介助員さん、一年学年団との顔合わせを行い、校内でさまざまなシミュレーションを行いました。お互いに顔を合わすと安心です。どんどん質問も出て、四月からの不安をなくそうとお互いに真剣でした。

合理的配慮は教職員が地域の力も借りながら、一丸となって取り組むべき課題です。初めての経験なので、本人の要望をよく吟味し、支援できることは何なのかをその都度考えていく必要があります。

そして四月になり、H君は、一年生の担任となったI首席のクラスに入りました。入学式の翌日の対面式では、学年の代表として挨拶をしたそうです。楽しく学校で学んでいるとのことで、ホッとしました。時には、他の生徒に勉強を教えているそうです。狭山高校の見学に来た時から、運命は決まっていたのかもしれませんね。

(二) 教職員との対話

大職員室の効用

狭山高校の職員室は、全教員の机が入る大きな職員室です。毎朝、朝礼を行います。緊急の場合は、昼休みや放課後でも集合をかけます。この大職員室で情報の共有を図ることができ、とても助かりました。当初から私は、朝礼時に必ず何か話そうと、心に決めていました。教育委員会からの指示事項、校長会等の連絡事項、生徒の様子で気がついたこと、研修のお知らせ、雑感、校長の行動予定等です。

校長の行動予定については、通常は教頭や事務長に話して、教員全体には話さないのが慣習のようでした。現に他の校長から、何故行動予定をすべて話すの? 人事関係の出張の時どうするの? と言われましたが、私は人事ヒアリングの時もちゃんと話しました。中身を話すわけではないからです。私が行動予定を話すと、「こんな校長は初めてだ」と首席に言われました。透明性のある方が、潔くていいと思います。私は、校長の所在を明らかにしておいて、不在時は教頭に権限を委譲し、不測の事態には運営委員の先生方を中心に即応してもらうことの方が大事だと考えていました。先生方も、今日の午後は校長は出張でいないのだ、というようなことが分かっている方が、校長室を訪ねるにしても二度手間にならなくてよいのではないでしょうか。なべぶた構造の学校だからこそ、みんなに知らせておくことが大事だと思います。

教員は授業以外の時間は、職員室で仕事をする場合、教科準備室で仕事をする場合、各分掌の部屋で仕事をする場合等、なかなかつかまえるのが難しいのです。そのため、何か用事がある場合は、朝礼の前後につかまえて話すことができ、大職員室はとても有効でした。

メール等校内ＩＣＴを用いて情報共有をしている学校もありましたが、毎朝大職員室で顔を合わせて挨拶をして、お互いの状況を確認することが大切ですよね。私もみんなの顔を見ると、ホッとしました。朝礼の前に、各学年団が打ち合わせをしている姿をよく見ましたし、大職員室にはとても感謝しています。

今年のお題は？

着任した年の年度当初から毎年、各教員にＡ四版一枚程度のレポートを提出してもらいました。評価・育成システムの目標設定に関する自己申告書を提出してもらう時に一緒に提出してもらいます。そして設定面談を行う前にはすべて読み、各教員が何を考え、何をしたいのかを把握する資料としました。毎年のお題は次のとおりです。

二〇一二年：「めざす学校像、めざす生徒像」

二〇一三年：「将来（一〜三年後）の狭山高校は、いかにあるべきか？

そのために自分は何ができるか？何をしたいか？」

二〇一四年：「〝チームさやま〟における自己の役割は何か？何をしたいか？」

二〇一五年：「〝チームさやま〟における自己の役割は何か？何をしたいか？」または

「どのようなアクティブ・ラーニング型授業に取り組みますか？」

二〇一六年：「〝チームさやま〟における自己の役割は何か？何をしたいか？」または

「こんな授業（アクティブ・ラーニング型授業を含む）に取り組みたい」

新転入者は、「めざす学校像、めざす生徒像」について書きます。

これらのレポートを書くことによって、各教員は校長に思いを伝えることができ、覚悟を決めることもできます。私の方は、サポートがしやすくなります。そして何より面談の際、話が盛り上がります。退職する際には、ラインマーカーだらけのレポートをささやかなお礼の品とともに、一人ひとりに返しました。

年五回以上の面談

校長として勤務している狭山高校には約七十名の教職員がいます。職員とは年三回の面談を行いますが、教員とは最低でも年五回は面談を行います。初めの頃は、年に六～七回も面談を行い、教員の話をよく聴いていました。

目標設定面談（五月～六月）、授業アンケート一回目の返却（八月）、人事面談（九月～十月）、授業アンケート二回目の返却（一月）、評価・育成シートの配布（三月）の五回です。初めの頃は、授業観察の後に評価シートを返却しつつ面談を行っていました。時間を作るのが大変でしたが、どの教員とも平等に時間をとって話しを聴く機会はとても貴重です。

初年度、人事面談で家族のことや一身上のことを突っ込んで質問するので、皆不思議な顔をしていました。私は、教職員の家族も含めて面倒を見るのが組織の長であるという意識を強く持っていましたので、たとえ個人情報でも遠慮はしませんでした。情報は詳しい方が、人事において判断が狂わないのです。

生徒だけでなく先生を励ますこと

私は五十六歳になりたてで、校長に赴任しました。学校の教員は定年が六十歳で、再任用として現在は六十五歳まで認められています（初年度は六十四歳でした）。ということで、狭山高校の教員の平均年齢は五十三歳で、私より年上の教員が何と二十名もいました。

自衛隊を退職したばかりの私は、体力は普通よりはあったと思います。毎年、体力測定（三、〇〇〇m走、五十mクロール、五十m平泳ぎ）を受けるためにトレーニングをしていましたから。しかし、教員の場合は、体育教員、運動部顧問等以外は運動不足でしょうし、五十代後半ともなると体力にも自信がないのではないかと推察しました。身体が元気でないと、精神的にも元気が保てなくなります。五十代、六十代が多い教員集団に元気に働いてもらうために、折に触れ声をかけ励ますことにしました。

ある日のブログから

狭山高校に着任し、前任校長から引き継ぎ、校長ブログ「狭山Ｔｏｄａｙ」を始めました。年間約百二十～百三十件ほどのトピックスを書いてきました。読者がどれくらいおられるかわかりませんでしたが、学校を発信する一助となればと思い、力を入れてきました。

初年度の二〇一二年十月五日のブログに、「黄金色の稲穂に感激！」と題して、次のように書いています。

「先日の台風十七号の影響で、一部倒れかけている稲穂がありました。誠に残念ですが、不思議なことに倒れているのは中ほどの稲穂であり、風を強く受けるはずの周辺の稲穂ほどシャキッとしているのです。周辺の稲穂は、自分たちがしっかり守らないと総倒れになるとの危機感から、頑張ったのかもしれませんね。稲穂にも責任感があるのです。

教育に携わる私たち教員としては、『実るほど頭を垂れる稲穂かな』という生き方をしたいものです。」

年度初めの涙と拍手

二〇一三年に、学校説明会で使用する学校紹介ＤＶＤの作成を写真屋さんに依頼しました。生徒たちのアルバム用に山ほど撮影された写真の中から選定し、ＢＧＭと簡単な字幕入りで、スライド形式で十分ものにまとめたものです。これが、何回観ても感動もので、生徒たちの笑顔が素晴らしいのです。このＤＶＤを年度当初に先生方と一緒に鑑賞したいというのが、私の願いでした。

時間の制約がある中、前回の職員会議で予告をしておき、みんなで鑑賞したら、最後には拍手が起こりました。手塩にかけて育てている生徒たちの笑顔は、感動ものです。この笑顔のために私たちは仕事をしているのだ、という共感の拍手なのだと思います。普段、生徒たちはなかなかこのような笑顔を見せてくれないのですが、「この一年、この真実の笑顔を求めて、お互いに頑張りましょう」と、それぞれに誓い、職員会議を終えるのです。以降、毎年四月初めには、この鑑賞会を行ってきました。

五連休に呼び出しました

ある年、九月に五連休がありました。敬老の日と秋分の日等がうまく土日につながったのだと思います。ちょうど、九月第二週の文化祭の前に起こった三年生の事案に関して、教員の中で大きく意見が分かれたことがあり、職員会議でも討議を重ねていました。そして五連休の前に、今度は二年生と一年生が対象となる事案が起こりました。私は、五連休だからといって先送りはよくないと考え、生徒指導部と学年主任、担任、部顧問等の最低限の関係者を呼び出すことにしました。もちろん遠出をしていて来れない先生もいましたが、彼らは私に全権を委任してくれました。実は私自身も、義母とその妹二人（平均年齢八十歳超え）を連れて旅行中でしたが、関係者にメールを送付し招集をかけ、自らも旅行の途中で、学校に向かいました。あとで、生徒指導部のK先生から「休みの日に、しかも連休に、教員を呼び出す校長なんて、前代未聞ですよ！（笑）」と言われました。何と言われようと、今やらなくては手遅れになると考えることは、強引にでも今やらなくてはいけないのです。たとえ休みであろうが、学校はその生徒に対する責任を持っているわけですから。

休み明けに職員会議で一部始終を説明すると、すんなりうまくいきました。生徒への指導も速やかに行えました。生徒指導部長のM先生は学年間の板挟みで大変でしたが、肩の荷が少しは下りたと思います。

選挙を実施せよ

着任した年は、まだ校内人事は教員による人事委員会が編成され、分掌長等は互選により選ばれていました。私が校長として赴任し、教員たちは、「自衛官出身の校長はこの事態をどうするのだろう」と固唾を飲んで見守っていたのだと思います。

その年、結構面倒くさがり屋の教員が順番で人事委員長になったので、案の定、「校長さん、面倒くさいから、校長が決めてくださいよ」と、言いに来ました。普通なら、飛んで火に入る夏の虫、とばかりに、校内人事は校長が決めるということになりそうですが、私はそうはしませんでした。なぜなら、この目で選挙をして人事を決めていくところを見てみたかったからです。見たこともないことを頭ごなしに否定するのは、主義に合わないものですから。それに、面倒くさがり屋の先生に、面倒くさいことをきちんとやってもらうことも大切だと思ったからです。「選挙を実施してください。一度見てみたいから」ということで、実際に選挙の場面を見ました。職員会議を進めながら、手際よく紙を配り、記入し、回収する姿を見て、慣れたものだなあ、と感心しました。私もその様子を見ることができよかったです。ただし、このような選挙は学校以外では行われておらず、「本来、選挙は教員の業務ではないですよね。みなさんの時給はいくらになるかわかりますか？　世間では通用しないことですよ」などと、耳の痛い話をしました。すると、「あんな言い方をしてほしくはなかった」と、校長室に文句を言いに来た教員もいます。「百聞は、一見にしかず」です。

そして、この教員互選の独特の文化は、二〇一四年、某府立高校の教員による文部科学省への内部告発？　に端を発する一連の内規改訂の指示を受け、校内人事はすべて校長の手にゆだねられることになったわけです。

団体交渉

課業が終わる五時以降、組合員から団体交渉を申し込まれることがあります。組合代表の先生方は、生徒たちのために一生懸命仕事される方ばかりです。この団体交渉では、教職員のための要求が主に行われます。これも自衛隊時代には経験したことのない世界です。

着任した時の最初の要求は、「洋式トイレを作ってほしい」というものでした。実は私は、研修中に膝痛がひどく水がたまり屈めなくなり、各学校に洋式トイレがなくて困ったことがありました。そこで、着任して間もなく合法的な理由を考えて着手をしていたのでした。これに関しては、先手必勝でうまくいきました。

その後も、「教員の話をよく聴いて、希望する人事をかなえてほしい」「女子更衣室にエアコンをつけてほしい」等、様々な要望に積極的に応えるようにしました。事務室もよく協力してくれました。

教頭と二人で話を聴くのですが、普段とは違う話がいろいろできて、結構楽しいひと時でした。私の方から、せっかくだからもっとお話ししましょうと、引き留めたこともあります。

三六協定との出会い

二〇一四年、教育委員会から「三六協定を結ぶように」という指示が出ました。〝三六協定〟っていったい何？　というのが、私の最初の所見です。私は民間人校長といっても前職は自衛官です。恥ずかしながら、三六協定のことなど全く知りませんでした。そもそも自衛隊には労働組合もなければ、労使交渉もありません。自衛隊は二十四時間勤務だからな、と言われ続けてきましたから、縁のない世界だったのです。家で夫に聞いてみると、「労働者の基本中の基本」と言われてしまいました。ちなみに、法定労働時間は一週間で四十時間、一日八時間までですが、その労働時間を延長させる労使協定を三六協定と呼んでいます。三六とは、労働基準法第三十六条を根拠にしていることから、名づけられています。

教員たちもこの三六協定に関しては、あまり知らなかったようです。締結しなくてはいけないのは、事務職員等です。職員会議で数回にわたり説明を行い、代表者を決めました。特別な教育公務員と異なり、事務職員は、繁忙期等、この時間内でとても仕事が片付かない場合、法定労働時間を超えて労働者に労働をさせるには、使用者とその事業場の労働者の過半数で組織する労働組合の間で、三六協定を結び、これを労働基準監督署に届け出る必要があります。労使協定をする項目は、①時間外労働や休日労働させる必要のある具体的理由、②業務の種類、③労働者の数、④一日及び一日を超える一定の期間についての延長することができる休日時間又は労働をさせることができる休日、⑤協定の有効期間　であり、妥当性のある協定を締結し、提出しました。

世間の常識を全く知らなかった典型的な出来事でした。

教員の働き方改革

私が着任した二〇一二年は、登校時のタイムスリットはありましたが、退庁時はありませんでした。ちょうどその年の十月から退庁時のスリットを開始するという話が出始め、教員たちは大いに騒ぎ始めました。しかし、導入されてしまうと、スリット忘れが多発する以外は、スムースに運用されました。

このスリットで、勤務時間がきちんと管理されるようになり、当初は一か月の残業が百ｈ

を超える教員数の報告を求められたりしました。後半は、残業時数八十h超えの教員に対し、学校の産業医による面談が課せられ、該当する教員がいる時には、面談をしてもらいました。大抵が部活動の指導によるものです。面談の席に私も着きましたが、八十hを越えているからといって苦痛を訴えた教員はいませんでした。生徒たちの成長のために頑張るのは嬉しいことなのですね。負担になっていないかどうかを常に確認していました。

むしろ、長時間勤務する教員と五時になるとさっさと帰宅する教員とのギャップの方が気になりました。大変な仕事でも、みんなで頑張っていれば、あまり疲労感は感じないのだと思います。とはいっても、特に部活動主顧問の残業時間を減らしていくシステムをつくる必要はあると考えます。私も校長としての五年間、通勤も含めると、毎日十四時間以上は家を離れていたことになります。土日の出勤も三分の一くらいはありました。

〔三〕育てる人事と評価・育成

教職員人事課との丁々発止

一年目は、人事の扱いもよくわからず、教職員人事課主導の人事になってしまいましたが、二年目からは教員のキャリアアップについて考えるようになりました。担任を途中で抜いたり、分掌長を途中で抜いたりするのは阻止すべきであると考えるようになりました。それならば、教職員人事課が納得できる案を作り上げればいいわけです。時には、学校の都合だけでなく、府全体を見渡して判断することも必要です。そのように考え、毎年目まぐるしく変化する一人一人の状況を的確に伝え、最適な解答を求め続けました。特に、校長が校内人事を決めることができるようになり、その中・長期的な構想を述べることで、説得力を増していったと思います。

二〇一六年度は、事務室に四名の再任用職員（二名枠にハーフ勤務が四名）を迎えました。事務長以外に常日勤の職員がいないという体制は、大阪府では初めてです。私は、本人たちの希望を優先し、むしろ積極的に決断しました。フルは五日間勤務、ハーフは三日間勤務、すなわちフルは二人で十日間、ハーフは四人で十二日間となります。四人のチームワーク、人間関係が円滑ならば、通常以上の働きをしてくれるはずです。事務長にとっては苦労も多いでしょうが、人材の全能発揮をめざすのが管理職の仕事です。週に一回全員がそろう日をつくり、和気あいあいと一杯飲みに行く風景も見られます。これを決断するにあたり、事務室に人数分のデスクが入るかどうかが気がかりでした。多少手狭ではありますが、多くの教員が顔を出してくれ、うまく機能していると思います。風通しの良い勤務環境を作りたいものです。

情けは人のためならず

　ある時、こんなことがありました。新年度になってすぐ、ある教員が体調不良のため退職したい、と申し出てきました。本人の意をくみ、すぐ常勤講師を探しにかかりましたが、年度初めでもあり人数の少ない教科だったので、委員会、校長会、大学にも相談しましたが、なかなか見つかりません。そこで、私は少し考え方を変えました。教員にとって、学期の途中で退職するのは不名誉なことではないかと考えました。そこで「夏休みまで頑張ろう」と励ましました。ところが、夏になってても講師がなかなか見つかりません。大阪府下で狭山高校以外に三校が同じ教科を探しているということを知っていました。ようやく秋になって、委員会から講師を紹介されましたが、私の決断は、年度の終わりまで教員を励まし続け名誉ある退職をしてもらう、というものでした。そして、狭山高校よりももっと困っている学校にその講師には行ってもらおう、と考えました。

　その半年後、定年退職者と合わせて同じ教科から二人が同時に退職する時点で途方に暮れていたところ、先の講師が勤務している学校の校長から電話がかかってきたのです。エントリーシートに「狭山」というメモ書きがあったのです。きっと人事課がメモを残してくれたのでしょう。ということで新年度からその講師に来てもらうことができました。苦しい時期ではありましたが、結果的に皆がwin-winになったのではないかと思います。情けは人のためならず、人のために奉仕したことが自らに帰ってくるものだということを痛感した出来事でした。最後まで励ました教員は機嫌よく退職し、最後にお礼の言葉をいただきました。まさかこの先生から感謝の言葉をいただけるとは思っていなかったので、感激でしたね。

キャリアアップの必要性

ある若手教員と面談をしているとき、「今が精一杯で、来年以降のことなど考えられません」と、その教員は言いました。これを聴いて、教員の世界にはキャリアアップの概念がないのではないかと、疑念を抱きました。なべぶた構造と言われるように、ずっと平の教員だと、段階的にステップアップしていきません。教員採用試験を受ける時にも、将来は教育委員会での勤務や管理職になる道があります、という説明がなされているとも思えません。

そこで私は、教員のキャリア形成を大きく三つに分け、若手教員に示すことにしました。

① 定年まで、教員として教壇に立つ。

② 教育現場を中心として、首席を経験し、管理職になる。

③ 首席の後、教育委員会・教育センター等を経て、管理職になる。

どのコースにしますか？ と問い、意見をもらうと同時に、私の所見も含め話します。それぞれが役割を担わなくてはならないわけですから、本人の意向をもとに、校長の見立てを加え、話し合いを重ねていくべきだと考えています。

ベテランには「名誉と処遇」、若手には「抜擢とサポート」

これは、狭山高校における人事の大方針として掲げた方針です。五十代のベテラン教員には決して隠居することなく定年まで働いてもらわなくてはなりません。学年主任、指導教諭、分掌長とか経験がものをいう役割を担ってもらう処遇をすることで、名誉が保たれるのではないかと考えました。若手教員には、学校運営のエンジン部分でもある首席や体力勝負の分掌長等を担ってもらうことが抜擢となり、全面的にサポートしていくことで、将来の管理職、もっと言えば大阪の教育を担ってもらうことになるのではないかと考えました。

校内人事五か年計画

内規の改訂が指示され、校内人事を校長が直接行えるようになったのが二〇一四年度です。これを機に、教員一人一人のキャリアアップ線表を作り始めました。毎年見直しを行い修正をかけることで、少し先が見えてきます。選挙で分掌長を決め、教員からなる人事委員会で次年度の役割を決めていた頃は、二年後のことすらわからなかったわけですが、内規改訂後は教員自身の希望をより汲み取ることができるようになりました。

教員のたまごたち

校長も五年目に入ると、一年目に卒業させた卒業生たちが大学四年生になり、教育実習に戻ってきます。これは、とても嬉しいことです。

私は教員ではありませんので、教材研究の詳細に触れることはありませんでしたが、次の二点については研究会等で話しました。一つは、生徒たちは、教育の中身よりも教員の生きざまを見ているということ、すなわち経験を積み、自分自身を人間として磨き続けなければならない、ということです。今一つは、教員は最初から生徒四十名を受け持つことからも、最初から一人前、完成形を求められる仕事です。その一方で、外にも目を向けておかないと世の中の常識を経験するチャンスを失うことから、関心を外にも向け多様な人たちと付き合うことで自分の幅を広げることも大切だという話をしました。

年によっては、他の職業に就きながら改めて教職をめざす者もおり、キャリア形成として画一的でないところが、お互いの刺激にもなっています。何と言っても、二年生の総合学習の時間に各クラスで自らの人生や受験の体験談を語ってもらうことが、生徒たちにとって、とても身近なキャリア教育になっています。

教育の原点である教育実習は、おそらく人生で初めて最も熱くなれる時期だと思います。多くの卒業生に、若者の夢を育てる教員をめざしてほしいと願っています。

〔四〕国旗にまつわる話

日の丸を背負ってきました

研修中、すべての校長・准校長が集まる会議の席上で、「来年度校長に就任される公募校長のお二人です」と紹介されました。短く挨拶してくれと言われていましたので、どんなキャッチフレーズを使えば短くスパイシーな自己紹介になるだろうかと思い、会場を見渡したら国旗が掲げてありました。ここは校長だけだし、これで行こうと決め、「あの日の丸を背負ってきました竹本です。よろしくお願いします」と短く挨拶をしたら、微妙などよめきが起こりました。これは何なんだ？　とっさにはわかりませんでした。後になって聞いてみると、校長の中には、私が自衛官出身なものですから、橋下大阪府知事の肝いりではないか、と勘違いしている方がいたそうです。私は橋下徹氏に一度もお会いしたことがありません、未だに！

ちょうど、大阪府では国旗掲揚、国歌斉唱に関する条例ができ、すったもんだしているときだったので、橋下氏の息がかかっているとでも誤解されたのでしょうね。私のちょっとスリリングな自己紹介は、その後も結構覚えている校長がいて、とっさの思いつきとしては上出来だったと思います。

校長室に国旗を入れました

着任した時、校長室には当然のことながら国旗はありませんでした。ここは大阪ですから。まず、立派な校旗を見つけたので、校長室に置きたいと言って四月に運び込みました。次に、「バランスが悪いから国旗もいるよね」ということで、国旗を注文してもらいました。すると、ペラペラの貧弱なものが五月に届きました。校旗が刺しゅうされていてあまりに立派なので、そのように見えたのですが、実は旗章としては普通の大きさ、普通の厚さでした。今でも少々アンバランスですが、校長室に鎮座しています。

半旗について説明しました

二〇一二年六月六日（水）に、ひげの殿下と呼ばれていた三笠宮寛人親王殿下がご逝去になり、翌七日（木）から、大阪府教育委員会の指示に基づき弔意を表すために、校舎の屋上に掲げてある国旗を半旗としました。

ちょうどこの七日の午後、狭山高校では予定どおり避難訓練を実施し、全校生徒が運動場に集結しました。私は、避難訓練の所見を述べた後、生徒たちに、「屋上の国旗は見えますか？いつもは見えるけど、今日は見えないでしょう？」と、特に後ろにいる生徒たちに聞きました。背伸びをしている生徒もいました。いつも見える国旗がなぜ今日は見えないのか、国旗を下げて半旗にし、三笠宮寛人殿下のご逝去を悼み、弔意を表しているということを話しました。今から思えば、どのくらいの生徒が私の話を理解していたのかわかりませんが、先生方は注目し、神妙な顔をして耳を傾けていたのが印象的でした。ベストのタイミングで機会教育を行うことができました。

先生、起立は大丈夫ですね？

ある年の卒業式の一か月ほど前、三年生担任のR先生に、「卒業式は大丈夫ですか？」と声をかけました。大丈夫ですか、と聞いた意味は、「ちゃんと国旗に向かって起立し、国歌斉唱をしますね」という意味です。その時、R先生は、「考え中です。悩んでいます」と答えたので、これは大変なことになると思い、即面談を始め、卒業式の日までに一回三十分から一時間の面談を計七回行うことになりました。次はその概要です。

（第一回：一月三十一日）

Q（T校長）：なぜ悩んでいるのですか？

A（R先生）：前任校でもそうでしたが、多国籍生徒を含む担任として、その子たちを守るためです。
Q：条例に違反していることは、わかっていますね？
A：承知しています。
Q：常識的にもおかしいでしょう？
A：考えたいと思います。
まだ定年までかなり年数がある先生です。懲戒処分を受けさせたくはありません。何とか説得しなくては、と思いました。
（第二回：二月六日）
Q：R先生、その後考えは固まりましたか？
A：思案中です。
Q：せっかく希望がかなってこの春異動予定だけど、異動を止めてもいいかな？　まだ、どこかわからないけど、相手の学校に悪いでしょう？
A：相手の学校に言ってもらって構わないです。
Q：このままだと処分を受けることになるよ。
A：処分には左右されません。迷惑はかけますが。

Q：何をよりどころに決めるの？
A：①社会科教員として法律を順守すること
②日本にルーツを持たない生徒、少数派の擁護です。
確かに、性格、信念から、人事、処分に左右されるような人物ではないな、と思いました。
（第三回：二月十七日）
Q：国旗・国歌の条例を守ってもらわないとねえ。
A：歴史的成り立ちから信念に合わないのです。
Q：ルールに従わないということでしょう？　生徒指導部の教員として、生徒に示しがつかないのでは？
A：だから悩んでいるのです。式の前日、クラスの生徒にどのように話すべきか悩んでいるのです。
Q：何がそうさせているの？
A：強制されることに抵抗しているのです。条例は、橋下知事により強制されているから。過去の高校教師のイメージが元になっています。他国では、学校のセレモニーで国旗、国歌は用いません。
毎回、面談の後には、「校長の貴重なお時間をいただいて、申し訳ありません」と頭を下げる律儀な人柄です。
（第四回：二月二十一日）

Q：マスコミに発表された後の学校ダメージについて考えたことはありますか？
A：申し訳ないです。パフォーマンスではなく、内実、信条からくるものなのです。
Q：前日に生徒に話したら、混乱を招きます。保護者も動揺します。
A：その可能性は考えています。校長は、保身で説得しているのではないことが分かっているので、心苦しいです。
Q：学校の信頼を失うことになるでしょう？
A：申し訳ありません。
Q：強制への反発からと言っていましたが、条例に従うのは常識の範疇ではないの？
A：立場上理解していますが、信条、内面を重視しているものですから。
Q：学年主任にも話しますね。
A：自分から話します。
（第五回：二月二十四日）
Q：先生、どうですか？
A：ほぼ決まりました。
Q：生徒、保護者の気持ちはわかりますか？　前日に話すと混乱し、卒業式ができないかもしれませんよ。

A：当日話します。

Q：起立しないと決めたのなら、式場から出てもらうのがルールです。

A：卒業式には出たいです。

Q：ルールを守るのが校長の務めです。

A：もし起立すれば、一生後悔します。

Q：そのように言うなら、居場所が違うのではありませんか？　虫が良すぎるのではありませんか？　わがままにすぎないでしょう？

A：ルール違反はわかっています。内面の問題なんです。大阪府職員の前に、国民としてです。

Q：卒業式まで一週間を切ったので、教育委員会への報告義務があります。明日までに決めるように。もし起立しないのなら場外に出てもらいます。二十六日に職務命令を出します。

A：明日、返事します。決めたら裏切ることはありません。

Q：卒業式では、先生には担任として生徒の名前を呼んでほしいと思っています。

（第六回：二月二十五日）

Q：決まりましたか？

A：決心がつきません。

質問ですが、学校名は記載されなかったと思うのですが？　場外に出ろというのは、教育委員会の指示ですか？
Q：学校名は出ると認識しています。教育委員会からは口頭で指示を受けています。担任した生徒たちが悲しむのではありませんか？
A：だから悩んできました。
Q：先生の信条を説明したところで、誰も理解しませんよ。生徒たちは、尊敬する先生がいないことで捨てられたと思いますよ。
A：信条を曲げられません。
Q：教員の世界でしか、こんなわがままは通らないでしょう。一時でも封印すれば、生徒たちは喜ぶのではないですか。
A：それはないんです。立つか立たないかは、大転換になるんです。三十年間の重みは大きいのです（泣きながら）。
Q：期限は今日まででした。
A：明日まで待ってください。
Q：もし場外なら、担任の代わりに副担任が準備する時間が必要ですね。二十六日の職員会議で職務命令を出します。
A：わかりました。職務命令に異議を唱えたら、場外です。何も言わなければ、起立します。

（第七回：二月二十六日）

そして、二十六日、職員会議の中で職務命令を発出しました。教育長通達の読み上げと再確認、配置図、役割分担表の確認をしました。R先生は誰とも話さず、宙を見つめた感じでした。そして職務命令発出後、異議は申し立てませんでした。これはすなわち起立するという意思表示です。約束は守る人だと見ていましたので、あとは何も言わず、その時を待つのみです。

卒業式当日のチェックは、教頭・事務長に頼みました。私は起立を確信していましたので、見ることもなかったです。R先生は、自分のクラスの卒業生を呼名し、生徒を裏切らなくて本当によかったです。

式後、R先生を探しましたが、なかなか見当たりません。どこにいるかと思ったら、保健室でフーフー言っていました。信条と大きく異なる行動をしたことで、精神的に相当疲れてしまったのでしょうね。先生は本当に純粋で、妥協をしない人でした。そもそも規則違反ではないかと言ってしまえば、その通りです。このような信条の人を規則に合うように説得し、結果を出すためには、こちらも真っ向勝負で取り組みました。「本人と卒業生のためなのだ」という決意で取り組んだからこそ、結果が出せたのだと思っています。

校長室の二枚の地図

初年度六月に入って、校長室にある地図を貼りました。大陸側から見た日本列島の地図です。富山県が作製しているものを取り寄せ、以前から使ってきました。大陸のロシア、中国、北朝鮮、韓国から太平洋に出ようとすると、北方領土から与那国島まで約三、三〇〇㎞の日本列島は、まさに目の上のたんこぶなのです。自衛隊時代には、この地図を用いて、日本周辺で生起している事象を国民の皆様にわかりやすく解説していました。校長室に来られたお客様の中には、関心を示していろいろ聞かれる方もおられました。ところが、先生方はあまり関心を示されません。生徒たちは、「さすが海上自衛官やなあ」と言っていた生徒、「見せて下さい」と尋ねてきた生徒、いろいろいましたね。相手の立場に立つと、自分がどのように見られているかが見えてくるのではないでしょうか? 逆さにすると、普段考えつかないようなことにも気がつきます。仕事をする上でも、「発想の転換」が大切だと思い、貼りだしました。

取材を受ける時の写真として、国旗とこの逆さ地図を並べ、その間に入って撮影することが多かったです。

もう一つの地図は、もちろん大阪狭山市の地図です。狭山高校は大阪狭山市に所在する唯一の府立学校ですから当然です。市の面積は、一一・八六㎢しかないのですが、その中央部に狭山池が鎮座しています。大阪府はもとより、大阪狭山市も不案内だった私は、この地図をいつも眺めて地勢を頭に叩き込んでいました。

制服自衛官の来校時に何が起こったか？

二〇一二年十一月、ロンドンオリンピックのレスリング金メダリストの小原日登美さんを学校に招いた時、本人は日本代表の赤いブレザーに白ズボン姿でしたが、ご主人も含め数名の制服自衛官が同行してきました。その姿を見た生徒の一人が帰宅して「軍服が格好よかったわ」と、言ったそうです。制服という適切な言葉が出てこなかったのだと思います。それを聞いたご両親が反応されたのでしょう。数日後、お母さんから校長あての抗議のお手紙をいただきました。「先の戦争では……、南京虐殺……、制服自衛官を学校に入れるなんて……」A四版二枚程度のお手紙です。そこで、私はお電話をすることにしました。お母さんと二十分、お父さんと十分それぞれお話ししました。ご両親とも学校の先生です。お母さんは、手紙に書かれたことを改めて話されました。私は、「そうですね」という相槌は打たず、「そうですか？」という相槌を打ちながら聴きました。そしてお母さんは、「以前は学校で勉強会もできましたが、最近はそれもままならなくて辛いです……」ということを私に訴えられました。「校長先生、聴いてください」という風に。お二人の話を三十分にわたり聴き、電話はひとまず終わりました。

二〇一三年十一月、防災講話を信太山駐屯地第三七普通科連隊第三中隊長に依頼しました。いつもの服装で来てください、とオーダーしたところ、当然のことながら迷彩服で来てくれました。これでまた手紙が来るだろうな、と思っていたら、予想通りお母さんから手紙が届きました。そして、数日後再びお電話しました。すると息子つまり生徒が出てきましたので、お母様のお友達ですが、と言って代わってもらいました。するとお母さんは、「またお電話をいただけると思っていました」という話から始まりました。一通りお話を伺いました。「自由になかなか活動ができなくなって、辛いんです」という話を伺いました。きっと、私に抗議の手紙を書くことは、活動の一環なのでしょうね。今回も「そうですか?」という相槌で話を聴いた次第です。

息子さんは、機嫌よく卒業していきました。とてもまじめな生徒で、電車の中で偶然出くわし、一緒に勉強したこともあります。ご両親が素晴らしいと思った点は、自分たちの主義主張、信条・思想を決してお子さんに押しつけたり、注入していないところです。伸び伸びと育てておられたところです。卒業式の日にお会いできるかと思っていましたが、名乗りはあげて下さいませんでした。自衛官出身の私が校長を務める狭山高校の教育に満足していただけたのでしょうか? 電話で二回お話ししただけなのですが、心が通ったような気がします。そう感じているのは、私だけなのでしょうか?

〔五〕危機管理は得意技？

ヘリコプターなら山越え二十分です

この五年間、朝六時三分又は十三分発のバスに乗り、学校へは八時前につくという通勤を行いました。六か月間の定期代は、奈良交通バス、ＪＲ関西線、南海高野線を合わせて、二十二万三、四百六十円です。毎朝五時に起きないと間に合わないというプレッシャーは辛いものでした。特に、十月から二月までは真っ暗な中起きなくてはならないので、結構辛いです。「大和川を一日に四回越えています」というと、「もっと多くありませんか？　ＪＲはくねくね蛇行する大和川を何回も越えますよね」。ＪＲはそのとおり、厳密にいうと、片道五回の計十回になります。水量が増し、快速が徐行運転しているときに、数えてみました。「遠いですね」と言われたら、直線距離は二十㎞くらいなので、「ヘリコプターなら山越えで二十分なんですけどね」と冗談を言います。「それって、元自衛官の発想ですね」と、笑いが取れなかったことはありません。

自宅から学校まで徒歩七時間？

夜間や休養日に大災害が生起して、大和川の橋が落ちたとしたら、自宅から学校まで歩くとしてどのルートがあるのだろう？　と、長い間疑問でした。大阪のことをよく知らない私がいろいろと勉強していくと、暗峠を歩いて生駒に抜ける話とか、古くから竹ノ内街道があったとか……。四年目も終わる頃、ようやく香芝市から太子町に抜ける道を発見しました。途中に屯鶴棒があり、近鉄南大阪線が走っているところです。初めに車で走り、次は歩いてみました。昼でも一人で歩いていると、ほとんど人と出会わず何だか妙な感じでしたが、とても夜に歩く勇気はないですね。後で聞いた話ですが、昔から人さらいが多く出たそうですし、戦時中は防空壕が多く掘られていたらしいです。

とにかく、自宅～香芝、香芝～太子町役場、太子町役場～喜志駅周辺、喜志駅周辺～富田林、富田林～学校とルートを五つに分け、夫の協力を得て歩いてみました。すると所要時間を合計すると七時間となりました。最短距離で約二十二㎞ですから、妥当な測定値です。大災害が生起し交通手段がなくなったときは、このルートをひたすら歩いて学校に向かうことにしようと考えました。歩いてみると、あることに気がつきました。必ずたどり着くという自信がわいてきたのです。何事もやってみると、それは自信につながります。ただし、伏兵がありました。富田林市に大和川の支流である石川という川があり、そこの橋が落ちたら、川を歩いて渡ることになります。これも歩いてみて初めてわかることです。狭山高校の体育館は、大阪狭山市の避難所に指定されています。市が管理するといっても、避難民の心情としては、校長はどこにいる？
となります。大災害発生後、一両日中には何としてもたどり着かなくてはならないと思いました。それが責任者というものでしょう。道を確認してよかったと思います。

非常事態初動対処チームの編成

着任してすぐのことです。私は通勤に片道約二時間もかかり、K教頭は一時間半かかるということで、管理職不在時に学校で何か起こった時の体制を整えないとまずいな、と思いました。そこで、学校の近隣から通勤している教員五名に初動対処を打診したところ、全員快諾してくれました。

どういう事態を想定しているかというと、大規模災害とかではなく、狭山高校のみで生起した事象で、委員会への報告を要し、メディアが動き始める類の事象です。電話を受けると同時に校長等は動き始めますが、タイム・ディレイが生じるので、学校に到着するまでの間、校長室を指揮所として二本の外線で対応するというものです。この非常事態初動対処チームを編成した話は、さすが元自衛官という印象を各方面に与えたようですが、そこが狙いでもありました。わざと難しい名称をつけ、危機管理意識を高めたのです。

幸いにもこの五年間このチームを招集したことはありませんでしたが、時間帯が異なればひょっとしたらという事案がなかったわけではありません。管理職があまりに遠方から通勤する場合は、このような処置も必要でしょう。二人目、三人目の教頭は、要望どおり、近傍から通勤できる方が配置され、私としては、一安心でした。非常事態初動対処チームは、今も健在です。

ところで、二〇一六年五月、インターネット上に岸和田市内の学校・施設への爆破予告が書き込まれたことがあります。だんじりで有名な岸和田市内には四校の府立学校があり、対応は大変だったと思います。対応としては、

○七時までに校内点検を実施する。
○休校の措置をとる。
○管理職と必要な教職員を残し、他の教職員は自宅待機とする。

この話を朝礼で話した時、校長が出てくるのに時間がかかるので、「校内点検は非常事態初動対処チームでお願いします」とサラッと言いました。

ポジティブなひきこもり

遠距離を通っていることもあり、入学者選抜や学校行事の前夜には、大阪市内、堺市内に前泊しました。その回数は五年間で二十回を超えました。バス、電車が通常通りに動いていれ

ば、朝六時前に家を出て、七時四十五分に学校に到着できるのですが、一回目の体育大会の朝は大変でした。八時三十分開始ということで、職員朝礼を八時十分に計画していました。その日、王寺駅に到着すると、関西本線が不通となっており、即近鉄で生駒まで出て、特急に乗り難波経由でタクシーも利用して学校に向かいましたが、通常より四十分は時間がかかりました。大騒ぎをしながら体育大会の開始を十分遅らせましたが、今後こんなことが起こると大変だと思い、前泊することにしたのです。もちろん自腹です。全く文化圏が異なる地域から通勤する私にとって、入学者選抜の時等に、一人だけ遅刻することは許されないことなので、一年目の出来事は後に生かせてよかったと思っています。

また、二〇一五年十月には、第一週、第二週の週末に立て続けに台風十八号、十九号という大型台風が日本列島を襲いました。特に十九号は三連休を襲ったのですが、連休明けから本校は中間考査を始めるため、前週にルールの徹底を行い万全を期しました。ＪＲが珍しく事前に運休することを宣言したので、前日の午後には大阪市内に行き、泊まり込みました。結果的には、台風十九号は偏西風に乗り、速度を速め夜のうちに通過しましたが、万全を期して臨んだため、ある意味安心できました。台風一過で晴れているのに、長靴を履いて歩くのはいかにも格好悪かったですが、仕方ないですね。

このように前泊する時は、本を持ち込みます。頭を切り替えて、読書の時間にしたり、考えをまとめる時間にあてていました。私はこれを「ポジティブなひきこもり」と称し、私にとって意味のある有効活用の時間にしていました。入学者選抜の前日は到着が遅くなるので、なかなかゆっくりできません。また、文化祭の前日も遅くなり、オープニングのダンスの練習をするので必死です。いずれにしても長距離通勤という環境に、必死に適応してきました。

大阪で観光客が増え、ホテルが予約しづらくなってきた時、ちょうど台風で帰宅できそうもなくなった折には、大阪狭山市在住の元校長宅に泊めてもらったこともあります。奥様は狭山高校出身で、大いに話が盛り上がりました。

中隊長の防災講話

二〇一三年二回目の防災訓練の後、陸上自衛隊信太山駐屯地に所在する第三十七普通科連隊第三中隊長の任に就いている布施三等陸佐に防災講話を依頼しました。布施三佐は、大阪府立高校から一般大学に進み、二〇〇三年に福岡県久留米市にある陸上自衛隊幹部候補生学校に入校しました。その後、千葉県習志野市にある唯一の落下傘部隊である第一空挺団で空挺レインジャーとして訓練を積み、イラク復興支援に従事し、東日本大震災の災害派遣時には、福島第一原発のある大熊町で避退誘導や行方不明者の捜索に当たりました。そこでの経験談を中心に話してもらいました。被災された方々と直接接してきたことから、この大災害を風化させることなく、多くの人々の教訓として語り継ぎ、二度と大災害を起こさないよう努力することが、亡くなられた方々の供養になり、また生存者の方々への励ましになるのだというメッセージを受け取りました。普段勤務しているままの迷彩服姿で来てもらいました。大阪狭山市、富田林市、松原市、藤井寺市、羽曳野市、河南町、太子町は、第三中隊の警備隊区でもあり、ピッタリの好青年に来てもらったと思います。

講話の中にはありませんでしたが、〝釜石の奇跡〟でご存知のように、中学生たちが独自の判断で〝てんでんこ〟に逃げて、それに小学生が追従して助かったという例にみられるように、危険に対する動物的カンを養う必要があると思います。東日本大震災の後も全世界で次々と自然災害が生起しています。東海・東南海・南海トラフ地震もいつ起こるか予断を許しません。南海トラフが動けば、近畿は大災害に見舞われます。生徒たちが学校にいる時か、家にいる時か、また通学時かによっても、私たちの対応は全く異なります。一旦事象が生起すると、携帯・スマホ等の通信手段が途絶することは、これまで嫌というほど経験しています。生徒たちには我がこととして、家族とともに備えを共有してもらいたいものだと思います。

悲観的に準備し、楽観的に実施せよ

二〇一三年一月十四日（祝）の成人式は、全国の多くの地域が雪に見舞われました。近畿地方南部の山岳・丘陵地帯では、南岸低気圧の影響で水分を多く含んだ雪が降り積もりました。二月八日（金）には、狭山高校一年生が耐寒訓練で岩湧山に登ります。九百m足らずの山とはいえ、冬山です。私は、八甲田山系青森県側のふもとで勤務した経験があり、冬山の怖さは身にしみてわかっているつもりです。それだけに、狭山高校で数年ぶりに実施する耐寒登山には入念な準備が必要であると感じました。

生徒には、教員の指示通りの装備（携行品を含む）をさせ、確認すること。体調管理をさせ、不安を抱えたまま登らせないこと。道に迷わない方策をとること。万が一の場合の搬送経路と搬送手段を確立すること。天候により選択できる、平易なルートに至るまでの複数案を作成すること。最悪の場合を想定した野営準備をすること等、数えあげれば切りがありません。

今回のコースは往復ではなく周回コースです。八名編成の班が四十班あり、男女混成チームです。出発の時間差が一時間以上あり、休憩を入れて約六時間半のコースです。とても難しいことに挑戦しようとしています。一年前からの計画なので、学年団の先生方の意気込みを強く感じますが、生徒たちに達成感を味合わせ、訓練を成功させるためには、徹底的な準備が必要です。最も大切なのは天候の読みだと考えますが、高校生三百名以上を連れて、「想定外でした」という言葉は絶対に許されないのです。天候によっては「あきらめる勇気」が最も求められます。雨もさることながら、雪は曲者です。湿気の多い雪は、装備が完全でないと低体温を招き体力を一気に消耗させます。「生命」が最も大切、何よりも安全第一で臨みたいと考えました。十か月前から校長を務めていましたが、それまでで一番心血を注ぐ場面でした。

十二月に一回担当教員が下見し、一月二十六日（土）と二月二日（土）の二回に分けて、下見を実施しました。延べ十六名の教員が参加しました。私は、一月二十六日に参加しましたが、寒気団が下りてくるというので吹雪になると思い、スキー用のゴーグルと手袋までもっていきましたが、地上の方が風が強いくらいで、岩湧山の東側は風もなく山頂は日差しもあり、気象の読みの甘さを反省しました。少し残った雪が凍りついており、急坂の下山の際にはかなり気を遣いました。

アイゼンをつけさせると「怪我」という二次災害の懸念もあり、当日の判断の最も難しいところです。保温シートも購入し、万が一山中に一時期生徒をとどめざるを得ない事態になったとしても、保温シートで対応するように考えました。

河内長野警察署にも挨拶に行きました。署長から、「ヘリコプター部隊にも声をかけておきます」と言われましたが、そんな事態を起こさないための準備を二か月かけて行ってきました。三百名という数は半端ではないのです。悲観的に準備し、実施は腹をくくって大胆に行う、というのが私流の危機管理です。

「山に捨ててはならないものは〝ゴミと生命〟」を合言葉に、一年生三百二十名が、岩湧山周回というかなりハードな耐寒訓練に挑みました。二月八日（金）は寒気団が下りてきて朝から粉雪舞い散る曇天で、雪山登山の雰囲気も味わえる耐寒訓練にうってつけの天候となりました。

一年生八クラス三百二十名を男女混合八名グループ四十班に分けて、順次南海高野線天見駅をスタートし、岩湧山頂上を経て四季彩館で昼食をとり天見駅に戻る約十三㎞、約六時間半のコースです。今回の班編成は男女混合チームで一般社会の延長です。男女が共に助け合い、いたわりあいながら一つのことを完成させるという強い教育理念の下で実施しました。途中で脱落者が出たら引き返すという厳しいものでした。生徒も連帯責任を強く意識していたと思います。女子がリーダーを務める班もありました。

実は実施の前々日、河内長野市役所の農林課から砥石谷の土砂崩れと倒木の工事が間に合わない旨の連絡があり、急きょ前日担当教員を下見に行かせ、夕刻にはボ谷へコース変更を決めました。危険極まりない前夜の計画変更ですが、視認情報が確実なので、実施可能と判断しました。教員の再配置を含め、「頭を切り替えて、一晩でイメージを作ってください」と、教員たちに頼みました。

平均年齢五十三歳の狭山高校教員が十か所のポイントに待機し、各班のメンバーチェックを行います。教員は生徒全員が通過しないと動かないので、後半のポイントの教員は雪地蔵のようになってしまいました。特に頂上の教員は、マイナス八℃の中でよく頑張ってくれたと思います。

下見を含め教員とキャッチボールをしながら、すべての懸案事項について議論し、一応納得してから臨んでよかったと思います。山という、掌中に決して収まることのないフィールドに三百名以上の生徒と教員を放つわけですから、とことん準備する必要があると思います。実施に関して、校長としての責任は重く当該年度一番の勝負の時でした。「成功させるために何ができるか、どうサポートすればいいのか」を考え続けた二か月でした。下見はともかく、総指揮官は通信が確保され全体を掌握できる地上にいるべきであることは百も承知ですが、生徒を送り出した後を追って教員の労をねぎらいながら、老体にムチ打ちながら全行程を歩きました。

耐寒登山らしく、雪がちらついて

心配をよそに、思ったより生徒は元気だな、という印象を持ちました。体育の授業で、四月から徹底した持久走訓練と筋トレを行ってきました。生徒たちも体力に自信を持ち始めているのでしょう。また、リーダーとサブリーダーに対する役割の認識、救急法等の技術指導等徹底した事前教育を行いました。指示をする前に自主的にアイゼンを装着し始めたグループも多くあり、生徒たちの生きる力を見直し、やるものだなあと感激しました。

下見の際、私たちにお湯を提供してくださった山小屋（四季彩館）のおじさんは、訓練当日は生徒たちにお弁当を食べる場所を無償で提供してくださいました。本当にありがたいと思います。

最初のグループは頂上でまだ吹雪いていましたが、後半は見晴らしがよくなり狭山高校の校舎を確認することができました。折しも陸上自衛隊中部方面航空隊（八尾駐屯地）所属のヘリコプターが来てくれて、パイロットが手を振ってくれました。ある生徒が、「校長先生が呼んでくれたのでしょう?」と言っていましたが、頼んだわけではありません。因みに隊長はお会いしたことがありますが、とても教育に理解のある方でした。

当日下山してから部活動に参加した生徒もいたようですが、苦しい思いをしながら頑張った生徒については達成感を感じていることでしょう。次年度の修学旅行の前哨戦ともいえる今回の耐寒訓練では、集合や班行動についてとても良い訓練ができたと思います。教員の団結力も素晴らしかったです。教員の中には健脚で山が好きな人も多いようです。山嫌いの私も、仲間と行くのならまた楽しいかもしれないかなと、少しは心が動き始めました。今回は、筋肉痛も快い痛みとなりました。

校長として覚悟した時

〈モンスター・ペアレンツなんかではない〉

着任して間もない頃、暴力事件が起こりました。男子生徒同士が対峙し、けんかになりそうな状況を確認した女性教諭が、自分の手に負えないと判断し、同僚を呼ぶためにその場を離れました。まさにその時、事件は起こりました。女性教諭の中には、男子生徒を怖いと思う人もいるのだということを理解しました。生徒を守るべき教師なのに、守れなかったわけです。

問題はここからです。新学期が始まりバタバタしている時期ということもあり、保護者とのボタンの掛け違いも多く生起し、ますます教員は信頼を失い、生徒指導部、学年主任では解決しないところまで来てしまいました。先生方は、保護者のことを「モンスター・ペアレンツ」と呼んでいましたが、本当でしょうか？　とうとう校長が対応することとなりました。七時から九時半頃まで、二回にわたりご両親のお話を聴きました。教員の対応についても、詳細に詰め寄って来られます。事実は事実と認めたうえで、ご両親が最も恐れておられるのは、懲戒の将来への影響であることを聞きだしました。私は、学校は将来社会に出るための教育の場ですから、今後どのように変われるかが大事であり、どのような心構えで生活していけばいいいか、ということについて前向きに話しました。本人は明るく屈託のない生徒です。悪意があるわけでもなく、物の弾みだったように思います。むしろ、教員側の落ち度の方が大きいと考えていました。最終的には、「私に任せてください。民間人校長としてのこれまでの経験を信じてください」と頼み、収めようとしました。ご両親も「それではお手並みを拝見します」ということで、矛を収めてくれました。

教員たちはすぐ「モンスター・ペアレンツ」という言葉を使いますが、真摯に自ら反省しながら保護者の話を聴くことをせず、自己の正当化をしてしまうので、平行線となり対応を難しくしている場合も多々あります。この事例も事の起こりと経過を冷静に見てみると、明らかに学校側に落ち度があり、怒りを募らせた保護者側に、きちっとした対応ができなくなってしまったのだと思います。「学校は正しい」とは限りません。

その後も何回も保護者の訴えを聴くことがありましたが、事実をよく見極め、教員側、保護者側の意見を公平に判断する必要があります。時には、保護者が抱えているものが重すぎて、カウンセリングや医療を必要とする場合あるいは福祉の面からのサポートが必要な場合がありました。また法外な慰謝料等を要求される場合には、弁護士や警察との連携が必要となるでしょう。お話を聴きながら、相手の立場を理解し、何故そのような訴えになるのかを考えていけば、意外と糸口は見つかるものだと思います。教員側が「モンスター・ペアレンツ」と恐れ、被害者意識を持つことはないのです。

〈卒業できなかった生徒〉

ある年の三年生の男子生徒ですが、卒業させなかったことがあります。学年団の先生方が、卒業させたくないと言い張ったからです。どういうことかというと、不真面目で提出物を出さない、卒業に必要な単位が取れないかもしれないのに、その科目そっちのけで、大学入試を受けに行ってしまったと言います。文部科学省が定める最低単位は取れているのですが、学校で定めた単位が未履修なのです。

親は卒業させてくれ、と校長に面会を求めてきます。しかもその親は他の府立高校の教員です。全教職員の前で、私は改めて聞きました。「N君を卒業させるべきではないと考えるのですね？」と。学年団の先生方は皆うなづいています。「わかりました。親が教員ということもあり、訴訟になるかもしれません。覚悟してください。ですからこの案件は、私が直接対応します」と言いました。先生方は、訴訟と聞いてぎくりとしたようでした。その時私の方針は、決まっていました。「何としても親を説得しよう」本人のためにもたとえ卒業できなくても、これからの人生を真剣に取り組んでもらうことの方が価値があるということをわかってもらおう。きっと共に生活している親も子どものことはわかっているはずでしょうし、先生方の見立ては間違っていないはずだという確信も持っていました。二回にわたり面談をしましたが、担任の先生による親と生徒に寄り添った説得も功を奏し、親が折れることになりました。「子どもの将来を共に前向きに考えよう」という信念が通じたのだと思います。狭山高校を卒業はできなかったですが、翌年、大検を受け希望する大学に入りました。長い目で見て、その生徒の成長に役立てたと思います。そして先生方も大いに納得してくれました。

〔六〕学校の応援団

さやまブルー

「ＰＴＡ活動をする際に、おそろいの法被かＴシャツを作りませんか？」と、ＰＴＡ会長に持ちかけました。同じものをみんなで着ると一体感が生まれます。法被を着て文化祭の焼きそばを焼く姿を想像していたのですが、予算の都合でＴシャツになりました。色はもちろん「さやまブルー」です。その都度洗濯をして着まわします。

そのＴシャツを私たちは借りて、「公立学校進学フェア」を始めとする部外の学校説明会で恥ずかしげもなく着ました。「やる気が服装に現れていますね」と、冷やかされたりもしましたが、団体で同じものを着るのは、自分たちが一体感を感じるとともに、一丸となっているようにも見えると思います。覚えてもらうことも大事です。このことが他校にも広がり、スクールカラーのTシャツを作る学校が増えました。

ただ、何回も洗濯するたびに、裾が伸びてサイズが大きくなってしまいました。格好良く着ることも大切です。次回は予算と相談しながら、質の向上を図った方がいいと思います。

さやま探偵！ナイトスクープ

二〇一三年六月十五日（土）は、第七ブロックPTA協議会総会が松原商工会議所で行われました。狭山高校PTAにとっては特別な日です。なぜなら、総会の後、活動発表を実施する三校のうちの一つだったからです。

PTA会長の発案で、「探偵！ナイトスクープ」ならぬ「さやま探偵！ナイトスクープ」というテレビ番組仕立てで、学校紹介を行うことになりました。局長、アシスタント、探偵、顧問、プロデューサーと役者がそろい、狭山高校が取材されます。対象となったのは、六月七日に行われた「体育大会」と前年の校長マネジメント推進費で整備した「グローカル・ルーム」で行う「イングリッシュ・ランチ」です。

PTAの役員さんたちは、「こんなお芝居のようなことをするのは何十年ぶりかしら？」と、女子高生の制服を着るのが恥ずかしいやら嬉しいやら……つまり、みんなで楽しくできれば、それが子どもたちを元気づけることになりますし、学校のPRにもなると思います。もちろん、校長も参加しました。局長が「任務完了！」と報告した際、客席で「了解、任務完了！」と復唱し報告を受領する役です。嬉しかったのは、狭山高校のこの試みの後、寸劇を行う学校が出てきたことです。新風を吹き込んだのではないかと思います。

さやまカフェ

二〇一四年三月の学校説明会から始まったＰＴＡの活動があります。「さやまカフェ」です。ＰＴＡの役員さん方が、学校説明会の折にグローカル・ルーム（三階）でさやまカフェを開いてくださいました。のぼりを立て、パネル展示をし、コーヒーやお菓子のサービスをして下さり、何と言っても通っている生徒の保護者の生の声が聴けるとあって、大入り満員でした。同じフロアで練習しているダンス部の一グループの演技も観てもらいました。教員による説明だけでなく、狭山高校をより深く知ってもらえる取り組みです。

その後もこの「さやまカフェ」は、広めのコミュニティールーム（四階）や便利な化学講義室（一階）と場所を移しつつ、秋にはススキをはじめとする草花を飾って下さったり、洞川のゴロゴロ水をわざわざ汲んできてよりおいしいコーヒーやお茶を淹れて下さったり、おもてなしも一流です。狭山高校の実態を本音で聴けるという企画により、この「さやまカフェ」で話を聴いて受験を決めた、という方も現れました。十月の第一回学校説明会には、文化祭で二年六組が作製したミニヨンがお出迎えしたり、十二月の第二回説明会にはクリスマスツリーが飾られたり、演出も様々です。

この「さやまカフェ」が、アイデアとして広がりを見せています。他校でも取り入れるところが出てきました。狭山高校のアイデアが広がっていき、嬉しい限りです。

楽しみながら活動するPTA

〈焼きそばの試し焼き〉

文化祭前のPTA実行委員会終了後は、焼きそばの試し焼きを行うのが定番となっています。毎年PTAの焼きそばは人気が高く、一日約四百食が早めに売り切れます。それはやはりオタフクソースの強みだと思います。味見をしましたが、やはり私はオタフクソースの方がおいしかったです。広島県で三回も勤務した私の舌は、本場仕込みのオタフクソースのファンになっています。文化祭当日は、大勢のお父さん方が焼いてくださいます。

〈パンジーの植栽〉

十二月のPTA実行委員会の後は、多くの保護者の協力を得て、正門前と憩いの場にパンジーの苗約七百株を植えます。三年生が卒業する頃には、築山に○○期生SAYAMAという文字がきれいに描かれます。校庭や校門前に色とりどりに咲き乱れるのが楽しみです。

〈模擬テスト業務〉

二〇一四年二月のPTA実行委員会は、年度最後の会合でした。各委員の総括の後、学校側から依頼したことがあります。それは、模擬テストのお手伝いをしていただけませんか？というものです。それまでは出入りの本屋さんが代行してくれていたのですが、高齢となり撤退をするのです。PTAの手を借りたいとお願いしたところ、五月末の第一回目については本部役員を中心に、「試験監督だけでなく集金も含めボランティアで実施します」という大変ありがたい申し出をいただきました。その後は、PTAに進路委員会が発足し、教員と協力しながら支援をいただいています。

〈とんぼ玉を作ろう〉

二〇一三年十二月、PTAの研修の一環として〝とんぼ玉でアクセサリーを作ろう〟という取り組みが行われました。PTAのお母さん方二十名以上が物理実験室に集合し、一心不乱にとんぼ玉作製に挑戦しました。狭山高校の理科（物理）のS先生は、実はとんぼ玉の大家なのです。私も様子を少し覗きに行きましたが、可愛らしいとんぼ玉、透明感のあるとんぼ玉、色の好みもそれぞれで、和気あいあいと楽しそうでした。

〈総会と進路講演会〉

ＰＴＡ総会と進路講演会を毎年五月の中間考査期間中に実施しています。二年目のことです。校長として一年間ＰＴＡ活動を行ってきましたが、嬉しかったのは、本部役員や実行委員の方々が、「学校のことがよくわかるようになった」「仲間ができて、ＰＴＡ活動が楽しい」と言って下さったことです。誰しも忙しい中、役員の方々は時間と労力を提供して下さっています。にもかかわらず、「充実していて楽しい」と言って下さり、感謝しています。

進路講演会では、大手予備校の講師による説明が明快でわかりやすいです。一年前に十数年ぶりに大学受験の話を聴き、受験の仕方が多くあってチンプンカンプンでしたが、一年勤務したら、こんなにわかるようになるのだと驚きました。公立高校の生徒は、三年間という短期間を駆け抜けて成長していきます。文武両道と称し、部活動に励んでいた生徒も三年生になると受験体制に入ります。現役生が伸びていく姿を目の当たりにして、最後まで頑張り三月に栄光を勝ち取った生徒の一皮むける姿に感動したものです。保護者の方々には、受験自体をお子様方が大きく成長するチャンスととらえ、お子様方が望む進路や目標へのサポートをぜひお願いしたいと思います。

〈大学の研修〉

二〇一四年十二月、ＰＴＡの社会見学で、同志社大学に行きました。二〇一二年に整備されたラーニング・コモンズ（Learning Commons）という学習かつラウンジスペース及び礼拝堂を、学生アルバイトの方々に案内してもらいました。

キャンパスそのものが設立者である新島襄のコンセプトに基づき凝縮されており、特に礼拝堂は厳粛な雰囲気の中で自省ができるスペースでした。そこへ学長（当時）の村田晃嗣先生がやって来られ、ご挨拶してくださいました。村田先生は教授時代にゼミの学生を連れて、防衛省（市ヶ谷）にも来られていました。その際にお会いしたのですが、社会見学の年の夏に偶然再会し、ＰＴＡ社会見学の話をしたところ、「ぜひお会いしましょう」ということで再びお会いできました。アメリカ政治史がご専門で、テレビにも出演されるダンディーな方なので、保護者の皆様は大喜びで士気は上がりました。狭山高校ＰＴＡ訪問の件は、早速同志社大学ホームページの「学長日誌」に、ツーショットの写真付きで掲載して下さいました。

〈教員・保護者対象教育講演会〉

リクエストから一年かかり、二〇一四年十二月ようやく講演が実現しました。期末考査中の教員研修に、佛教大学教育学部長の原清治先生にお越しいただき、「いま高校の教育活動に求められるもの」と題して、ご講演いただきました。せっかくの機会なので、保護者の皆様にも多く参加していただきました。

最近の高校生が他律的で、見られ感が強く、関心が外に向いていかない、という指摘から始まりました。それは学校教育だけではどうにもならず、家庭における親のスタンスも影響しているということで、教員も保護者も深く考えさせられる内容でした。定番の「ヘリコプター・ペアレンツ」や「便所飯」の話もありました。コミュニケーション能力やプレゼンテーション能力が求められる中、群れる力（グループ内の凝集性を高める「結束型」）とともに、交わる力（グループ間をつなげる「橋渡し型」）の養成が必要だと締めくくられました。

各人の立場、経験によりヒットしたところが異なると思いますが、ぜひ続編を聴きたいと思ったのは、私だけではないと思います。アナウンサー張りの美声でウィットに富む軽妙な語り口には、魅了された方も多くいたことでしょうね。

〈「七夕」と「門松」〉

ＰＴＡの研修会で、ある学校が七夕祭りを学校で行っているという発表をしました。PTA会長と顔を見合わせ、「これですね」と合意しました。河内長野の山から竹を切り出してきてくださり、役員の方々が飾り付けもしてくださいました。生徒たちは各々にこよりを作り、配られた短冊に思い思いの願い事を書いて結びつけました。親の世代はこよりを知っていても、生徒たちはこよりを知りません。伝承していくべきものは多いと改めて感じました。たとえ高校でも、情操教育のつもりで行いました。教員の中には、生徒が何を書くか心配だという声もありましたが、万が一見つければはずせばいいだけのことです。それよりも生徒一人ひとりが夢や願い事を書くことの方が意味があると思いました。

多くの生徒が、短冊を結び付けてくれました。短冊を読むのは楽しかったです。学年ごとに竹は三本あるのですが、さすがに三年生は合格祈願が多かったです。二年生、一年生は部活動のことや友達のことが多かったですが、中には彼女、彼氏ができますように、というのもありました。因みに校長は四枚の短冊に願い事を書きました。「一年生のみんなが、人生のよき師よき友に恵まれますように」「二年生のみんなが、それぞれ人生の目標を見つけられるよう何事にも一生懸命取り組めますように」「三年生のみんなが、自分の決めた進路を実現するために、全力を尽くせますように」「学校全体が高い志をもって〝チームさやま〟として躍進できますように」です。

また、年末にＰＴＡ会長が正門に門松を造ってくださいました。新年を迎えるにあたり、門松の準備は心の準備でもあります。珍しい立派な門松を学校の正門の前に飾り、記念撮影を行いました。

同窓生の活躍

一年に一回、関東方面出張があります。全国校長会が関東（東京、埼玉、神奈川等）で行われるためです。出張の際には、元上司・同僚等が手ぐすねを引いて待っています。ある時、新橋の「有薫酒蔵」という店で宴会を計画してくれました。私が高校の校長になったので、全国の各高校のノートがそろえてあるお店がいい、ということで選んでくれました。一、〇〇〇冊くらいは並べられていました。私の母校は女子校ですからまずありませんでしたが、大阪府立狭山高校は比較的新しい学校ですし、多分ノートはないだろうな、と思っていたら、何と女将が持ってきてくれました。卒業生の中には東京で活躍している方々がいるということが、ノートを読んでわかりました。筆頭は十期生で、計三名の卒業生が書き込んでいました。私は卒業生ではありませんが、校長として記入させてもらい、ルール通り名刺を貼り付けました。宴も進んでいて乱筆になってしまいました。反応があるといいなと思い、そのことを校長ブログにも書きました。そして、一年後またそのお店に行き、ノートを出してもらいました。見てみると、また数名が書き込んでくれていました。そこで私は、朝日新聞に掲載された二つの記事をノートいっぱいに貼ることにしました。東京で働く卒業生たちがこの記事を読んでくれたら、元気が出るだろうなと思いました。一つは、学校紹介を行う「まなビバ！」で、A三版の紙面であり、もう一つは熊本地震の募金活動で六十五万円集めた話です。

　実は、校長の任期終了後も一度訪れました。早速ノートには、これまでの総決算である、チームさやまで受賞した優秀教職員賞（団体の部）の記事を貼りました。狭山高校の卒業生が東京でも活躍していると思うと心強いです。これからも頑張ってもらいたいですし、同窓会で会ってみたいですね。ノートで情報を交換するのも味があるものです。

学校協議会の提言

〈ボックスに請求書〉

　学校協議会に関する正式な取り決めが行われ、学校協議会への提言を入れるボックスを設置することが義務付けられました。そこで、正面玄関にある事務室の受付の横に設置しました。すると、ある日紙が入っているのが外から確認できました。「これは大変だ」ということで、事務室でみんなで開けたところ、何と新聞の請求書でした。みんなで大笑いをしました。

〈知名度低いですねえ〉

　二〇一四年度から学校協議会のメンバーに、立志舘ゼミナールの中・高校生担当の塾長さんに入ってもらいました。入学者募集がいつも難航する狭山高校なので、中学校校長に加え塾長さんにもご意見が聴けてとてもよかったのですが、ひとこと「狭山高校は知名度低いですねえ」と言われ、わかってはいるものの、かなりショックを受けました。

学校の評判を下げるのは簡単ですが、逆に知名度や評判を上げるにはコツコツと努力しなくてはなりません。一つは、学校そのものの教育内容を向上させ、生徒を伸ばしてやることです。今一つは、そのよさを上手に広報することでしょう。伝統校ではない地味な学校は、誇大広告をしても中学生には伝わらないでしょうしね。やはり一つずつコツコツと積み上げていくしかないのかな、と私は思っていました。

〈学校協議会で熱く語る〉

学校協議会は、会長以下六名のメンバーで構成されており、狭山高校では五月、十一月、二月の年三回実施していました。

就任三年目の二〇一四年五月、会長の挨拶の中で、中教審が言う「高校教育の質の確保」について話されたのち、「学校経営計画」、授業アンケートの実施について説明を行い、大学入試結果、学校教育自己診断結果等について、それぞれ担当教諭が説明しました。さらに、その年初めてＰＴＡが実施した新入生とその保護者に対して行った「高校受験に関するアンケート」の結果について、協議会のメンバーである保護者代表のＰＴＡ会長から発表してもらいました。生徒も保護者も狭山高校選択の第一の理由は、「校風」と答えてくれていたので、とても嬉しかったです。中学校代表校長も地域代表の方も狭山高校について熱く語ってくださり、また、教諭も所掌ごとに多くの意見を発表し、狭山高校のよさをもっとアピールしていこうと決意を固めた、とても感じのいい協議会となりました。

学校協議会のメンバーは、元大学教授の会長、大阪狭山市中学校代表の校長、保護者代表、地域の代表、塾経営者、国際交流担当者の六名からなっており、バランスがとれていると思います。

〔七〕狭山高校の宿命

七地区のはずれに位置する学校

赴任した一年目、七地区の校長会があびこにある教育センターで行われていたので、狭山高校が七地区のはずれに所在していることが体感できませんでした。二年目に、校長会が近鉄長野線の河内松原にある生野高校で行われるようになりました。自転車で来る校長が数名おり、すべての学校が近鉄長野線を利用できることに気がつきました。狭山高校は南海高野線の金剛が最寄り駅で、近鉄線は利用できません。阿倍野駅か河内長野駅で近鉄線に乗り換えなければならない不便な位置、七地区のはずれにある学校だったのです。「狭山高校は、校長会のために場所をいくらでも提供しますよ」と言っても、どの校長もいい顔はしませんでした。

狭山高校は、堺市を含む八地区に所属してもおかしくない位置にあります。大阪狭山市が南河内の富田林市や河内長野市と同じ自治体グループに所属しているため、七地区に所属したのだと思います。地の利がないため、志願者の倍率を挙げるのは至難の業だなと思いました。着任前に抱いていた疑問、「なぜ志願倍率が低いのか」という謎が解けました。これが狭山高校の宿命なのだと覚悟した次第です。

クラス増の攻防

二年目のことです。九クラスの三年生が卒業し、一学年八クラスになった狭山高校に、次年度九クラスという案が教育委員会から提示されました。二〇一四年度は、大阪府全体で中三生が激増する年だったのです。狭山高校は開校時十二クラスでしたから、容量はあります。しかし、志願倍率は中堅校の中では極めて低く、九クラスにしたら定員を割るのは目に見えていました。教育委員会は、「狭山高校のような学校に多くの生徒を育ててほしい」とお世辞？ を言ってくれましたが、そこは正直嬉しかったです。しかし、南河内ではどんどん中学生が減少しています。背に腹は代えられません。私が出した案は、「毎日、大阪北部から一クラス分の生徒をスクールバスで送迎してくれるなら、喜んで受け入れます」というものでした。そこまでの代案を出したので、クラス増を諦めてもらうことができました。

「七：三」の決断

校長として勤務している五年間、毎年のように入試制度が変わっていきました。学科と内申点で総合得点を出すのですが、その比率を各学校で設定し、事前に公表します。元々は三段階から選ぶことになっていました。六：四、五：五、四：六です。狭山高校は六：四を選択していました。二〇一六年度入試から、内申点が十段階評価から五段階評価に切り替わりました。それに伴い、学科と内申点の比率の規定も変わりました。七：三、六：四、五：五、四：六、三：七の五段階になったのです。私はせいぜい六：四だろうと考えていました。なぜなら、「内申点を重視しています」というメッセージを中学校や保護者に送りたかったからです。ところが、教務を主として経験している教員たちは、こぞって七：三の学力重視を主張しました。世間は、狭山高校は六：四くらいだろうと想像しているだろうな、と予想がつきましたので、それを超進学校並みに七：三にすると激震が走るだろうなと思いました。しかし、長い目で見ると学力重視にしておく方がいいのです。そこで、「最後まで頑張って勉強してくれる生徒に来てほしい」という理屈で、七：三にすることを決断しました。案の定、「狭山は本当に七：三ですか？」という質問が多く寄せられました。最初から終始一貫同じ方針を貫くという意味でも、この決断は正しかったと思います。やはり進学校の一角として肩を並べていくためには、学力は大事ですからね。中三生には、大いに勉強して学力を伸ばし続けて、入学してほしいものです。

志願者募集大作戦

〈地元誌とのギブ＆テイク〉

着任して間もない頃、「金剛コミュニティー」という地域のタウン誌（ミニコミ誌）の記者さんが、竹本校長を取材したいということで、学校に来られました。月三回のタブロイド版で、狭山ニュータウン・金剛・金剛東・狭山市駅前・千代田等に四〇、〇〇〇部配布されています。これまでほとんど狭山高校は取材対象になっていませんでした。インタビュー記事は、六月七日号に「校長先生は元海上自衛官、狭山高校に赴任の竹本三保さん」という見出しをつけ、四段抜きで紹介されました。

この取材の話を受けた時、私はすぐに引き受けました。それは、取材を受ける代償として、「狭山高校を積極的に取材してほしい」と頼むためです。ギブ＆テイクの成立です。このようなタウン誌があるのに、これまでなぜ積極広報をしてこなかったのか、とても不思議でした。それ以来、記者が取材したくなるようなネタを探しては、「取材に来ませんか？」と、お誘いをかけました。通学区域が広がり、「泉北コミュニティー」ともギブ＆テイクしたいと思いアプローチしましたが、地域の棲み分けがあるようで、掲載はやはり金剛コミュニティーが中心でした。

〈生徒の顔が見えること〉

部外で行う学校説明会で人目を惹く何かを考えようということで、一年目にF首席のアイデアで、大型のタペストリーを作りました。内容は、ロンドンオリンピック金メダリストを囲んで全生徒が写った写真です。これは、私の一番のお気に入りの写真です（表紙にも使いました）。生徒が喜ぶ様子が手に取るようにわかるからです。そして三年目には、部活動をしている生徒の集合写真にしました。生徒の八十五％が入部するので、多くの生徒が写ります。しかもそれぞれユニフォームを着ているので、迫力があります。このタペストリーも評判がよくて、中学生が目を止めてくれます。楽しそうな学校だと言ってくれました。

やはり、生徒の様子が分かるものが、一番の広報になると思います。他の高校も本校の取り組みを大いに参考にしてくれたようで、問い合わせがいくつかありました。ノウハウはどんどん共有しましょう。そしてまた次のアイデアを生み出しましょう。アイデアはタダですから。狭山高校はアイデア捻出の先進校になればいいと思っています。

〈教育界で全国デビュー？〉

リクルート進学総研「キャリアガイダンス」のインタビューを受け、二〇一四年七月三日付で「高校トップが語る『明日の学校』」のvol.6として掲載されました。インタビュアーは、リクルートの編集顧問、「キャリアガイダンス」編集長の角田浩子氏です。

狭山高校着任以来取り組んできたことや今後取り組もうとしていることをコンパクトにまとめていただきました。当時三年目の私は、まだ自分に縛りをかけて、これからも挑戦しますということでハードルの高い話も載せていただきましたが、世間に発表した分、有言実行で頑張れたのではないでしょうか。

〈パンフレットの挟み込み〉

パンフレットというか学校案内のリーフレットは、盛沢山の内容を入れても中学生は読まないのではないか？　シンプルに写真を中心にすればいいのではないか？　ということで、作成するたびにシンプルになっていきました。二〇一六年のリーフレットは、卒業生の外山萌絵さんが、表紙をはじめ全体のデザインをしてくれたので、いかにも狭山生という女の子が表紙を飾っています。

ただし、リーフレットをスリムにした分、挟み込み資料をどんどん増やしていきました。

「狭山高校のめざすもの」として学校生活全般の説明資料、「入学選抜資料」、「進路実績」、「部活動一覧」、「さやまの挑戦（校長からのメッセージ）」等です。これからもどんどん増えていくことでしょう。詳しく知りたいと思う方への情報提供です。

〈中学校訪問〉

学校説明会だけでは狭山高校をめざしている生徒にしか周知できないので、学校の特徴と取り組んでいることを中心に、中学校校長に説明して回りました。七地区の学校を中心に、通学している学校の九割以上は隔年ごとに訪問したと思います。毎年、三十校から三十五校を夏休みから訪問します。時には年明けの一月まで実施した年もあります。電車とバスを利用しますので、生徒たちが居住している地域や環境も知ることができました。

足繁く通うことにより、中学校の校長もその誠意に耳を傾けて下さるようになります。先方も転勤がありますから、新しい校長のところには極力行くようにしました。多くの生徒を送ってくれている学校にも行くようにしました。また、新規開拓も頑張りました。時には、教頭や三年の進路指導の先生を紹介して下さることもあり、より具体的な話をすることもあります。

狭山高校の教員たちは、二学期の中間考査中に各中学校を訪問しますが、中学校の先生も忙しいので、なかなかじっくり話を聴いてもらえないようでした。そういう意味で、校長が校長を訪問するのは確実に会えるので意味があります。さまざまな世間話や雑談から入りますが、しっかり面識ができ、人となりも知ってもらえます。三十分の予定が一時間を超えることもざらで、中には二時間も話し込んだこともあります。そういう関係を築くことで、電話で話ができるようになります。願書締切の直前とか合格発表の日とか、電話でよく話をしました。尋ねた学校は五十校を超えました。旧七地区、堺市、和泉市だけでなく、南海高野線で通える大阪市まで足を延ばしたこともあります。

「わざわざ来ていただいて」と言われることに意義があります。私は、足で稼ぐことがとても大切だと考えています。どんなにわずかでも可能性があるなら、塩をまかれてもやらなければならないことはあります。「最後に勝つのは、非効率をいとわず、愚直な努力を積み重ねた者ではないか」と思います。宝は必ずどこかに眠っています。それを見つけられないのは自分の怠慢だと思うのです。

〈朝日新聞〝まなビバ！〟〉

二〇一五年一月、朝日新聞社会部のS記者から突然電話がかかってきました。取材をしたいという話に、チャンス到来とぬか喜びしました。紙面の半分を占める「まなビバ！」の取材ということで、私の頭の中では、すぐさま構想が出来上がりました。二月四日に予定されていた「未来の教育講座発表会」を軸に、さやまグローカルの活動、イングリッシュ・ランチ等狭山高校独自の活動をＰＲしようと思いました。そして、インターハイ等で活躍したスポーツ選手も絵になるな、と思いました。ちょうど中三生にとって、入学者選抜の願書を出す前の懇談の時期と重なるので効果てき面だなとほくそ笑んだわけです。

取材が始まり、まず未来の教育講座発表会では、写真の構図も私の意見を取り入れてもらいました。ところが、校長室でインターハイ砲丸投げ二位の池田君とテニスでフロリダ遠征をした川田君のインタビューをしている時、Ｓ記者が二月の掲載は難しくなり三月末になりそうだ、と言ったのです。私は激怒して、「編集長と話をさせて下さい、二月中に載せてもらわないと意味がないので」と、こちらの都合でものを言いました。血相を変えていたのでしょうね。そのやり取りを聴いていた二人の生徒は、「校長こわ〜い」と思ったそうです。二月に載らない事情は、前期試験を実施する学校の記事を教育委員会が載せるということで、どうすることもできません。Ｓ記者は、何とか編集長と交渉してくれました。二月は無理でしたが、三月一日に掲載されることになりました。

向こうからやってきた話なのに、強引に自校の広報のツールにしてしまうところは、これまでの経験が活かせたのかなと思いますし、それくらい生徒募集に気持ちの上で切羽詰まっていたのも事実です。記事が掲載された新聞は、広報用に二、〇〇〇部もらうことにしました。三月一日の卒業式の日に、高三生にも新聞を渡せました。その後の学校説明会でも、パンフレットとともにその記事は大活躍しました。

〈志願者募集大作戦〉

私にとって最後の入学者選抜である二〇一七年度選抜で、万が一定員を割るようなことになったら次の校長に申し訳ないので、とてもプレッシャーを感じていました。二学期に訪問できなかった中学校の校長先生宛に、年始早々、学校説明資料とともに手紙を書きました。

通学可能なすべての中学校に、中学校における最終面談実施直前にＦＡＸを送付しました。その内容ですが、①三月一日に朝日新聞の朝刊に掲載される「まなビバ！」をご覧ください。②食堂業者が四月から代わり、放課後、土曜日も営業します。③「さやまの挑戦」の送付、④入学者選抜直前の学校説明会の日時と内容について、です。特に、「まなビバ！」の記事と食堂の情報については、面談で狭山高校を勧められる受験生と保護者にぜひ説明してくださいとお願いしました。

さらに、校長に電話をして、このＦＡＸを送付した旨をお話ししました。私も必死でした。後に悔いを残さないために、できることはすべてやるということです。

〔八〕 さやまスタイル（さやまの挑戦）

さわやかに やさしく まもり育てる「さ・や・ま」

私は着任して以来、いくつものキャッチフレーズを作ってきました。狭山高校の「さやま」を頭につけ、あとはカタカナを用います。何回も言っていると、覚えてもらえるからです。

ある時「さ・や・ま」について、「さわやかに やさしく まもり育てる」というのはどうでしょうか？ と、M先生が提案してくれました。「いいね！」と即決です。狭山高校の教育スタイルをうまく表現している語呂合わせです。

さやまグローカル

狭山高校では、「国際感覚を備えた地域の若きリーダーの育成」をめざしてきました。国際交流により異文化理解を進め、景福高校（韓国）に加え、二〇一四年にはキャリー校（豪州）と姉妹校提携を結びました。また、東南アジアを始め様々な国の生徒を短期間受け入れて、共に学び共に生活体験をしています。一方、大阪狭山市に所在する唯一の府立学校として、地域との連携に力を入れてきました。狭山池まつりやクリーン・アクションで、地域に貢献することを学び、地域の役に立っていることを実感し自己有用感を高めます。幼・小・中学校や子育て支援センター〝ぽっぽえん〟等の異校種との交流の中で自尊感情を高め、優しさを身につけていきます。

このように、グローバルな活動とローカルな活動を合わせ、「さやまグローカル」と呼び、初年度に予算を獲得して「グローカル・ルーム」を整備しました。ここでは、週一回、ネイティブの先生とイングリッシュ・ランチをする等海外とつながる部屋であり、未来を語る空間でもあります。現在は、非常に多くの教職員と生徒たちが、この部屋を活用しています。

さやまスタンダード

「さやまスタンダード」は、一年目につくった言葉です。当初は、マナー教育という言葉でお茶を濁していましたが、要するに「しつけ教育」のことです。生徒指導部が大きく絡んできます。「当たり前のことを バカにせずに ちゃんとやる」というのは、しつけのＡＢＣです。狭山高校では、挨拶、頭髪、制服、遅刻をしないこと、自転車マナー、言葉遣い等生活の基本となる当たり前のことを、丁寧かつ徹底的に指導しています。

最初の年ですが、三年生最後の授業の日の朝、学年団の先生方がゴミ箱にブルーシートをかけているのを発見しました。「何をやっているのですか?」と聞くと、「教科書を捨てさせないためです」という話を聴き、驚きました。教科書を捨てるという行為にも驚きましたが、ブルーシートで被うという行為にも驚きました。話をして持って帰らせればいいのにと思いました。

ある生徒が生徒指導の先生に連れられて校長室に入ってきました。何事かと思ったら、住んでいるマンションのごみ箱に教科書を捨てたというのです。住民が落ちていると思い、親切に通報して下さったとか。一年目の驚きでした。私を出しにして、生徒指導をしたかったのでしょうね。その後、指導の仕方はもっと生徒を信じて性善説で指導していくよう、軌道修正されていったと思います。

さやまプロフェッショナル

二〇一二年から文系、理系に加え、文理系を設置しました、この文理系のことを「さやまプロフェッショナル」と呼ぶことにし、看護師、薬剤師、理学療法士、管理栄養士等、主として看護医療分野の資格取得をめざす生徒を全力でサポートすることにしました。内容的には、理系のように数Ⅲは必要ではないが、生物又は化学を選択するという感じです。中堅校では、実学系の進学がとても目立つようになりました。

さやまサプリ「よのなか科」

二〇一五年度入学生から、リクルートの「受験サプリ」を受講しました。特に、将来の職業選択について考えるキャリア教育を中心に、ＨＲや総合的学習の時間を用いて、藤原和博氏の「よのなか科」を活用しました。

学習の講義動画は各自で取り組むこととしました。二〇一六年三月から「スタディー・サプリ」に名称変更になっています。学校では、授業でｉＰａｄを使用するにしても、生徒のほとんどはスマホを保有している時代です。普段の勉強に使わない手はないわけです。今後は、「スタディー・サプリ」を反転学習に活用するということが、理論的には可能となるわけです。

さやまアクティブ・ライブラリー

二〇一六年度は、図書司書のＹ先生のアイデアに基づき、「さやまアクティブ・ライブラリー」というタイトルで学校経営推進費を取得しました。校長プレゼンの時は、審査員から「アイデアが面白い」と言われました。予算を執行し、九月にはブックトラック（移動式書棚）等が入荷しました。中間考査後各クラスの図書委員たちが活躍してくれて、各自にクラスで読んでほしい本を図書室から

図書委員が選んだ図書が並べられた、アクティブ・ライブラリー。各教室の廊下に置かれている

三十～四十冊選び、ブックトラックに入れて運びます。各教室の外の廊下に置かれたブックトラックはとてもおしゃれに見え、並べられた本を見て私も楽しんでいました。

図書館が四階にあるため、学年が進むに従い読書量が減ってくるので、二年生、三年生の読書量を確保したいという願いから始めた取り組みです。狭山高校は早くからビブリオバトルに取り組んでおり、「さやまアクティブ・ライブラリー」がビブリオバトルの取り組みにもいい影響を与えるといいなと思っています。教室の前だけでなく、食堂、保健室、職員室の前にもそれぞれにふさわしい本が置かれています。

また、教職員が選ぶ推薦図書についても、年度末には冊子となりました。成果物ができると、達成感がありますね。私は、『夢をかなえるゾウ』と『海賊と呼ばれた男』について、推薦文を書きました。

さやまクリーン・アップ大作戦

着任した時から気になっていたことがありました。それは、校舎内の階段の踊り場が黒ずみ汚いことでした。汚れでポリッシャーの跡がくっきりとついています。学校見学等で部外者が来られる際、イメージダウンになるなあと、気になっていたのです。

夏休み明けには、生徒たちに「さやまクリーン・アップ大作戦を実施するよ」と説明し、いよいよ実施に取り掛かりました。保健部長や技術職員さんの協力を得て、実際にどうすれば汚れが取れるか試してみました。つまり、どの洗剤とどのスポンジが最適かを検討して、その手ごたえを得てから実施しました。もちろん、校長自ら試してみました。マジックリンの原液を固めのスポンジにつけてこすると、ちゃんと取れました。業者がやらないとか、どうせ無理というのは、やらない口実にすぎません。何事もやればできるはずです。

三本の階段を三日間かけて、学年ごとにボランティアを募って、踊り場磨きに取り組みました。当初の予定より多くの生徒が参加してくれて、見違えるようにきれいになりました。さやまクリーン・アップ大作戦は大成功でした。私の本当の狙いは、汚れたところをきれいにしたら、その周りの汚れが気になり始めて、生徒から「あそこもきれいにしよう、こちらもきれいにしよう」と、学校の美化運動につながっていったらいいなと考えていました。そして、考えたとおり、翌年もポイントを定め、さやまクリーン・アップ大作戦は行われ、毎年継続して行われています。

狭山池スロージョグへの思い

着任した年の十月末から六回、放課後の一時間ですが、「狭山池スロージョグ」というプログラムを行いました。のべ十七名の生徒が参加してくれました。参加した生徒は、狭山池の周囲を走る心地よさを感じてくれたと思います。

そもそもなぜこのような取り組みを始めたかというと、狭山高校のすぐ近くにある大阪狭山市民の心のよりどころである狭山池を生かした取り組みを行いたいと考えました。そして何よりも、部活動をしていない生徒たちの健全な放課後を保証したいと考えたからです。狭山高校では、年度当初約八十五％の生徒が各クラブに入部します。裏を返せば、十五％は俗にいう帰宅部ということになります。また、年度末には入部率が七十八％に低下するということが分かりました。

この帰宅部の生徒や退部した生徒に注目すると、家で勉強に励んでいる？　とは考えにくく、健全に過ごしてほしいと考えたのです。中には「狭山元気っこクラブ」というボランティアを行い、近隣の小学生たちと汗を流す生徒もいますが、十代の生徒を〝ひま〟な状態にするのは、実にもったいないと思うのです。そして、中には悩みを抱えていて、ちょっと遠い存在の校長に話してみようかな、と考える生徒もいるのではないか。ならばその受け皿としてサードプレイスになれればいいな、と思ったのがきっかけです。

現に、たった一人だけですが、悩みを打ち明けてくれた生徒がいました。まだ一年生でした。男子生徒のＩ君の悩みは、「将来、作詞・作曲をするミュージシャンになりたいと思っているけれど、親が反対している」というものでした。私にもＩ君がどれくらいの力を持っているのか見当もつかず、「親を説得するには、親が納得するだけの実力をつけるしかないんじゃないかな」と、返すことしかできませんでした。その後I君を遠くから見守っていましたが、三年生になり、文化祭の後夜祭で自作の曲を引っ提げて弾き語りを披露していました。等身大のとても素晴らしい詞でした。尾崎豊？ を思い出しました。「成長したんだなあ、思いを貫いてきたんだなあ」と嬉しくなりました。きっと親を説得できたのでしょう。卒業後も目標とする道を歩んでいるようです。

狭山池スロージョグに参加してくれた教員の動機は、ひょっとしたらダイエットだったかもしれません。健康管理も大切なことです。何かあると、私一人では手が回らなくなります。協力者がいたのはとてもラッキーでした。集合場所の鉄棒のところで、男子は懸垂を、女子は斜懸垂を行ってから、狭山池に向かいます。道中はしゃべっても息が切れない程度の速度で走ります。現地に到着し、私が狭山池の周囲二・八五㎞を一周走る間に、男子は必ず二周以上、女子は二周か一周かを選択できるようにしました。

最後の年は、下足室に大きく実施予告を張り出しましたが、あまり生徒には認識されないようでした。二回計画しましたが、参加者はゼロでした。放課後は更衣室に貴重品が置けないというようなことがネックになっていることも考えられますが、直接生徒に声をかけないとなかなか集まらないのだと思います。誰も来ないので、私は一回目は屋外の運動部の活動を、二回目は屋内の運動部の活動を見学に行き、それはそれで意味がありました。生徒が部活動で日々頑張っている姿を見てやることも大切ですからね。

さやまプレス

さやまプレスというのは、一年生が出身中学校に広報に出かける活動で、狭山高校広報大使のようなものです。入学してしばらくして、出身中学校別に集合し代表を決めます。これがさやまプレスです。この制度はＦ首席の発案によるものですが、私が着任した時には既にありました。

一学期の初めの方で、体育館に一年生全員が集まり、出身中学校別に分かれてグループになります。一校一人の場合は、その生徒がさやまプレスとなりますが、複数の場合は代表のさやまプレスを選ばなくてはなりません。久々の同窓会をやっている感じのグループもあります。こうして選ばれたさやまプレスが、夏休み等に出身中学校を訪れ、狭山高校のＰＲをします。

二〇一七年度はきっと、二〇一八年度から制服が改訂されることの広報に、さやまプレスは大活躍したことでしょう。

〔九〕狭山高校がめざすもの

さやまスタイルを基本として

新たに生み出した活動、これまで行ってきた特徴ある活動等に「さやま＋カタカナ」というパターンで、どんどんネーミングを作っていきました。文法的にはおかしい場合もありますが、イメージが伝わればいいかな、ということで、毎年増やしてきました。その名称をテーマにして、予算要求を行ったこともあります。

この「さやまスタイル」を基本として、学校のイメージを定着していこうと考えました。キャッチフレーズは大切です。狭山高校と言えば、「さやまグローカル」だよね、と言ってもらうには、やはり三年くらいかかりました。

アドミッション・ポリシー

二〇一六年度入学者選抜から、「アドミッション・ポリシーに基づく自己申告書」が、出願時受験生に提出するよう求められることになりました。ボーダーラインに入った受験生の中から、受験校のアドミッション・ポリシーに合致している生徒を優先的に合格にするという制度です。様々な議論がありましたが、一点刻みではなくその学校との相性がよく意欲を持つ生徒を合格とすることは、学校・生徒双方にとっていいことだとの判断から生まれた制度です。中学校の指導は大変だと思いますが、生徒が自分の生き方を考えるいい機会になると思います。

本校のアドミッション・ポリシーは、とてもオーソドックスです。次のとおりです。

本校では、『自主・創造・連帯』を校訓として、授業（総合的学習の時間を含む）、部活動、学校行事に加え、国際交流、地域活動を通じて、『国際感覚を備えた地域に貢献できる若きリーダー』の育成を目標としています。自分の力を信じて、何事にも挑戦する好奇心と意欲のある生徒を歓迎します。

一　将来いかに生きるべきかを真剣に考え、夢の実現、理想の追求、目標の達成に向け、真摯に努力を惜しまない生徒

二　文武両道を追求し、得意分野を伸ばすことはもちろん、不得意分野の克服にもチャレンジするバランスの取れた生徒

三　家庭においても学校においても規則正しい生活ができ、礼儀正しく、明るくさわやかな生徒

四　異文化に関心を持ち、地域の一員として何ができるかを考える他人への思いやりのある生徒

私は願書とともに提出された受験生の自己申告書をすべて読みました。学校説明会でも「全部読ませてもらいますから、しっかり思いのたけを書いてください」と言いました。どんな思いの生徒が狭山高校をめざしてくれるのだろうか知りたかったのです。自己申告書の内容は、

入学後も生徒の情報源としてとても有効でした。

伸び率（伸ばし率）Ｎｏ・１の学校をめざして

入学者選抜により、府立高校は学力的に輪切り状態になっています。二〇一五年度入試から学区撤廃になり、その傾向は顕著になりました。狭山高校が開校した当初は、地元集中ということで、勉強のできる子からあまり得意でない子まで、学力的には今とは比べ物にならないくらい幅がありました。東大や京大にも入学した生徒がいたと聞いています。現在は、上位層はさらに上の進学校に行きます。そういう中で、私たちは何をめざそうかと考えた時、教育の原点に立ち戻るべきではないかと考えました。すなわち、入学してきた生徒たちを、知・徳・体のあらゆる面で、どこまで伸ばせるかに血道を上げるべきではないか、生徒の伸び率Ｎｏ・１、生徒の伸ばし率Ｎｏ・１の学校をめざすことが、私たちのミッションではないかと考えたのです。

「知」の面では、既述してきたように、授業を始め様々なプログラムを展開し、興味・関心が持てるよう工夫してきました。「徳」の面では、心を鍛える教育をめざしてきました。まずは、自尊感情を高め、自己有用感を高める教育を学校での行事や部活動に加え、地域が持つ力を借りて培ってきました。また、公共面での自律、規範意識の定着には力を入れてきました。「体」の面では、すべての体育の授業の冒頭でボイス・ランニングと筋力トレーニングを行い、基礎体力の強化に取り組んできました。

高校三年間、継続的にルーチンとして地道に取り組んだことは、生徒たちの血となり肉となるはずです。当たり前のことを当たり前にできること、これは日々の鍛錬から出来上がることだと思います。狭山高校の教員集団は、入学した生徒たちを、三年間粘り強く丁寧に指導し、最大限の力を引き出しているのではないかと思います。もちろん、成果が出るのは、生徒たち自ら伸びたいという意欲を継続的に持ち続けているからに他ならないと信じています。

勤務四年目の所信表明では、「伸び率Ｎｏ・１」という表現を初めて用いました。三年間を総括してみて、入学した生徒があらゆる面で最も伸びる教育をする学校をめざしたいと思い、表明したのです。また、学校説明会では、狭山高校の強みについて説明した後、「狭山高校は、何事にも正面から取り組むとてもまじめな学校です。十代は人生の土台を作る時期であり、一番伸びる時期です。仲間とともに生き生きと楽しさを感じながら伸びていく、伸び率Ｎｏ・１の学校をめざしています」と話しました。

「チームさやま」の仲間たち

着任した時から、最終目標は「チームさやま」をつくり上げることでしたが、最初の一年間はあえて口にしませんでした。二年目の歓送迎会で、初めてこの「チームさやま」という言葉を使いました。「転出した教職員もチームさやまの一員だと思っています」という言い方をしました。その後は、ことあるごとに「チームさやま」という言葉を使うようにしました。学校協議会で会長からこの「チームさやま」の定義を聞かれましたが、狭義としては、「狭山高校の教職員集団を指します」と答えましたが、広義としては、保護者・生徒・同窓生・旧教職員・地域の関係者等へと学校を中核として広がっていくという概念を示しました。まずは教職員です。

二〇一五年十二月に法律が制定され、職場環境改善を行い、メンタルヘルスを強化するため、従業員が五十名以上の大規模な事業所はストレスチェックが義務付けられました。二〇一六年度から、学校でも最初のストレスチェックが行われました。個人に対する結果は個人に渡され管理職にはわかりませんが、ストレスチェックから見た学校全体の職場評価結果は、教育委員会と校長に知らされます。私は、その結果を教職員に知らせるべく職員室に貼り出しました。六十四名すべての教職員が参加してくれました。府立学校全体一万三、五九三名の平均、全国の平均、狭山高校の平均が示されたものを受け取りました。「狭山高校は、全国平均値より仕事の量的負担値が低く、コントロール値（裁量性）、職場の支援値（上司、同僚）が高いため、総合リスクが平均よりかなり低く、よい結果であった」というコメントが書かれていました。健康リスクの項目で、全国平均が百として、仕事の負担リスクは九十一（大阪府平均百三）、職場の支援リスクは八十四（同平均九十九）、総合リスクは七十六（同平均百一）ということで、リスクはかなり低く出ました。これは、〝チームさやま〟としての誇りです。風通しの良い、お互いにサポートし合える、お互いに共感できる集団が形成されている証左ではないでしょうか。当時校長として勤務するうえで、上記の数値に裏付けられた感覚を感じていました。

志は高く！「さやまの奇跡」と呼ばれたい

校長三年目の半ば、あと二年やってほしいと言われ、同じ狭山高校でと決まった時から、私にはささやかな欲望が生まれました。「チームさやま」として表彰を受けることです。進学実績とかではなく、どのように生徒を育てているか、その取り組み方、教員が一丸となって取り組む姿勢等様々な観点からの総点検を始めました。また、教員の授業改善、授業アンケートによる満足度、学校教育自己診断の分析等評価に関することの成果を検証し始めました。

そして五年目です。私は、先生方に「優秀教職員表彰という制度はありますが、個人を推薦するつもりは全くありません。推薦とすれば、チームとして申請します」と、宣言しました。ガッカリした先生もおられたかもしれませんが、狭山高校においては、個人の表彰はあまり意味がないことだと考えていました。そして秋になり、時が満ちた時、有言実行で「チームさやま」としての申請に踏み切りました。ありとあらゆる成果をまとめて記述しました。「伸び率、伸ばし率No・1」を達成できているのではないか、と思ったからです。「チームさやま」の構成員には、全教職員の名前を記述しました。忘れた頃に、「せめて十名に減らせませんか?」と教育委員会の担当者から電話がかかってきました。「全員でないと意味がないので、ダメなら取り下げます」とまで言いました。「趣旨からいうと、そうですよね」と、理解してくれました。事務長と「これは脈があるかも」という話をしました。それからしばらくして、優秀教職員賞(団体の部)に選ばれた旨の通知が来ました。

チームさやまの仲間たちが送別会を開催してくれた

五年目にして、本当に念願がかないました。三月二十七日(月)、優秀教職員等表彰の団体の部で、狭山高校が表彰されました。私自身の考え方ですが、個人の表彰ではなく、チームとして表彰されることに意味があると思っています。狭山高校の教職員一人ひとりが有機的に結びつき力を発揮した「チームさやま」は、様々な分野に力を発揮し、成果を上げてきました。約一、〇〇〇名の生徒を育てるためには、教職員が互いに信頼し合い一丸となり一枚岩で一定の方向に進まないとうまくいきません。そこに、生徒たちの教職員に対する信頼と学校が安全で安心な場所であるという感覚が生まれるのだと思います。

表彰に際しいただいた副賞の五万円（商品券）の使いみちですが、「チームさやま文庫」を創設し、教職員が推薦する五十四冊の本を購入し、ブックトラックに並べ、生徒が読めるようにしたいと遺言を残していましたので、現在、そのようになっていると思います。

あとがき

本文では、生徒を中心とする学校での活動について書きましたが、校長としての役割は他にも多くありました。特に、教育委員会から頼まれたことの中には、校長採用時の二次面談の面接官、公募校長募集のための説明会、入試制度を変更するための会議に普通科校代表として参加する等、身の丈以上のミッションが与えられました。おそらく、歯に衣着せぬ物言いを期待されてのことだと思っています。

校長時代の二つの研修、全国の校長と切磋琢磨した「校長中央研修」と校長としての羅針盤を得た「キャリア教育研修」では、地域を超え多くの仲間が会することにより融合が起こり、自己の教育観の広がりが得られたと思います。また、校長、教頭を中心とする自主的な勉強会である「ビーンズの会」「ＰＤＡ」での研鑽は、視野を広げるとともに、明日への活力となりました。特に、女性管理職で行っていた「ひとみの会」「コスモスの会」では、お互いに元気を分かち合うことができたと思います。「進路指導研究会」での学びはとても貴重な経験となりました。

校長時代に還暦を迎え、家族のこと、親のこと、子どもと孫のこと、自身の健康のことを考え、任期満了後はフルタイムの仕事は受けないこととし、私なりの働き方改革をすることにしました。折しも、奈良県庁から働かないかと声がかかり、二〇一七年四月から、奈良県教育委員会事務局参与（非常勤嘱託員）として働いています。地元の奈良県で貢献できるとあって、大義名分ができました。ともに勤務する女性の前田課長は、何と教育実習時代の教え子です。四十年前というと叱られるのですが、厳密に言うと三十九年前のたった二週間の出会いでしたが、その後旧交を温め続けてきました。何というご縁でしょうか。

着任以来、すべての県立高校、特別支援学校を訪問しました。中学校、小学校にもチャンスを見つけて訪問しています。校長先生方との対話と生徒たちの生き生きした姿を見るのは、実に楽しいです。同じ公教育でも各府県によって考え方や方針は異なります。予算規模や地域性によるのだと思います。これからは、「奈良県いかにあるべし」について考え、実践に移していきたいと思っています。

将来は、かなわない夢だと思いますが、子どもの発達過程に応じた知・徳・体を鍛えることのできる「遊び場」を作りたいと思っています。三歳児の好奇心を大切にして、小学生・中学生、さらには高校生や大人も楽しみながら力をつけることのできる「遊び場」です。いずれはそれが「学び舎」になっていけば理想的です。イメージ的には、ハリー・ポッターに出てくるホグワーツのような全寮制の学校です。

「第二の人生は教育分野で」と考え、民間人校長を志しました。今になって思えば、自衛隊の延長線上にあったのではないかと思います。扱う事象も、出会う人々も全く異なりますが、アイデアとチャレンジで目の前の問題を解決し、方向を決めていく、仲間をチームとして育てていく、そして結果を出す、という点においては、実は自衛隊でやってきたことと同じです。生き方における本質は変わらないのです。自衛隊において部隊指揮官として、また女性自衛官の草分けとして結果を出せたからこそ、校長としても結果を出せたのだと思います。

自衛隊退職後、大阪府立狭山高等学校で校長を務めた昨春までの五年間は、大阪という土地柄も刺激的であり、何物にも代えられない貴重な経験となりました。新たなミッションに挑戦し、達成感を感じています。このような挑戦をしようと思ったきっかけは、「十代のうちに人生の目標を持てる人間を育てたい」ということに他なりません。そして、男女がほぼ同数いて男女平等を追求する世界に生まれて初めて属し、稀有な経験ができたと強く感じたことも達成感を感じた一つの要因です。公立高校で、校長としてではありますが、「青春を謳歌」させてもらいました。私の教育の軸は、将来社会で通用するための「しつけ・公共性の教育」と高大接続改革をにらんだ「生徒の主体性を伸ばす新しい教育体制づくり」でした。

この五年間、常にチャレンジし進化し続けることに取り組んできました。

走りながら考える癖がついていて、拙速に進めた部分もありますが、皆さんの話をよく聴いたのではないかと思います。そのような生き方は、生徒に伝えたかったことの一つです。

また、授業を持たない校長は生徒と接する機会が限られていますが、「いつも見守っていますよ」というメッセージを発信し続けなければならないと常に思い、実践するようにしていました。教員とは異なる観点で、迷える子羊を発見し群れに帰してやる、又は、その子の居場所で大切に見守ってやる、というのが校長の重要な役目であると、私は考えています。

年数を重ねるごとに、私とともに「チームさやま」を動かしてくれる教職員の仲間が徐々に増えていきました。というよりも、狭山高校が本来持っている力を軸にして、みんなで新たに狭山高校を成長させていったというべきでしょうか。今では保護者も同窓生も地域の方々もチームさやまのメンバーだと思っています。狭山高校は、これからも進化していくと思います。

私は校長時代、長期的視点に立って、自分がどの時点を担当するかを見極め、自分が何をすべきなのかを考え、次に継承していくための努力をしてきました。「チームさやま」は、私にとって、まさにONE PIECEの世界です。各メンバーが持てる能力は異なっていますが、その個性を生かし、みんなが一丸となって闘っていくのです。生徒を育てるということは、多くの課題に直面しながら行うわけですから、ある意味闘いなのです。

この本の編集中、期せずして朗報が飛び込んできました。昨年度、大阪府教育長から「チームさやま」として優秀教職員等表彰（団体の部）を受賞しました。それが、今年度上申され、文部科学大臣表彰を受けることになりました。一月十五日、東京大学の安田講堂で表彰式が行われました。これで、「チームさやま」のバトンをしっかり次の栁井校長に渡すことができた、と確信しました。

「人生百年時代をどう生きるか」「Society 5.0の社会でどう生きるか」というテーマが、これからの人々には突き付けられています。私は、夏休み前に、生徒たちに宿題を出しました。「十年後、自分たちは何をしていると思いますか？ 何をしていたいですか？」というテーマです。自分自身は、「さすがに校長はやっていないと思います。次の人生に向けて、大学か大学院で学び直しをしているでしょう」と話しました。これは、いわば、生徒たちとの約束だと思っています。この約束を果たし、常に進化する自分でありたいと思いますし、学ぶことで細く長く社会とつながっていきたいと考えています。今後は、十代後半から二十代前半の学生たちがどのように生きていくべきかを、一緒に考えていける仕事ができればと思っています。ワーク・ライフ・バランスを取りながら、「いかに生きるべきか、そしていかに死ぬべきか」の命題に取り組んでいきたいと思っています。

当面の目標は、本格的に英語を学んだ後、大学院に進学し理論を研究し、これまでの実践と結びつけ、また新たな教育分野に挑戦していこうと思います。これからも進化し続けて、年相応に人生をプロデュースしていきたいと思っています。前著『任務完了』（並木書房）では自衛官としての生き方を、今回は校長としての生き方を、エッセイとしてまとめました。

長距離通勤、校長としての激務を支えてくれた家族に大変感謝しています。特に、義母の存在は非常に大きかったです。家事のほとんどを任せ、校長という職務に専念することができました。

このエッセイを執筆するにあたり、読者の皆様の参考になるように、できるだけ具体的に記述することを心がけました。公表されている場合は実名を用いています。また、当事者をイニシャルで書かせていただきました。それぞれの出会いは、とても意味あるものだと思っています。もっと書きたい事が走馬灯のように思い出されますが、紙面の都合で書けなかったことも多々あります。

校長時代の五年間、多くの方々のお世話になりました。数えあげれば切りがありませんが、これから生徒をいかに育てるべきかの示唆をいただきました溝上慎一先生、進路指導研究会や講演会で大変お世話になりました原清治先生、未来の教育講座発表会でご講演いただき講評もいただいた藤原和博先生、キャリア教育研修で熱くご指導いただいた長田徹先生、民間人校長として採用を決めて下さった中西正人教育長（当時）を始めとする多くの皆様に感謝いたします。そしてチームさやまのメンバーに感謝しています。

最後に、このエッセイの執筆に着手して足掛け三年となりますが、出版を引き受けて下さった星湖舎の金井一弘社長、編集の田谷信子氏、最後まで励ましていただいた国際印刷出版研究所の喜田りえ子氏には、心から感謝しています。

56歳の青春宣言 ―女性自衛官 校長になる―

2018年3月3日　初版第1刷発行

著　　者　竹本 三保
発 行 者　金井 一弘
発 行 所　株式会社 星湖舎
〒543-0002
大阪市天王寺区上汐3-6-14-303
電話 06-6777-3410　FAX 06-6772-2392
写真提供　フクダ写真場、朝日新聞社、大阪府立狭山高等学校
編　　集　田谷 信子
装丁・DTP　藤原 日登美
印刷・製本　株式会社 国際印刷出版研究所

printed in japan　ISBN978-4-86372-095-4